CHRISTIANE ZU SALM

Weiterleben

AF203171

GOLDMANN

Lesen erleben

Buch

Wie können wir nach dem Verlust eines geliebten Menschen weiterleben? Und wie mit Trauernden umgehen? Der Tod eines geliebten Menschen, des Partners, des Kindes, eines engen Familienangehörigen – ist ein zutiefst erschütterndes Ereignis, das das Leben für immer verändert. Oft geht dieser Verlust mit Sprachlosigkeit einher, weil der Schmerz zu groß und zu verzehrend ist. Die Seele verfällt in Schockstarre, beobachtet Christiane zu Salm. Trauernde haben sich ihr anvertraut, sie erzählen in ergreifender Offenheit von ihrem Weg zurück ins Leben. »Mich berührt zutiefst, wie die Hinterbliebenen in diesem Buch es vermocht haben, Kraft zum Weiterleben zu schöpfen.«

Autor

Christiane zu Salm, 1966 in Mainz geboren, arbeitet erfolgreich als Medienunternehmerin. Seit einigen Jahren engagiert sie sich ehrenamtlich als ambulante Sterbebegleiterin. In ihrem Buch »Dieser Mensch war ich« hat sie Sterbenden eine Stimme gegeben, es wurde zum Bestseller.

Von Christiane zu Salm ist bei Goldmann außerdem erschienen:

Dieser Mensch war ich (📖 auch als E-Book erhältlich)

Christiane zu Salm

Weiterleben

– nach dem Verlust
eines geliebten Menschen

GOLDMANN

Sollte diese Publikation Links auf Webseiten Dritter enthalten,
so übernehmen wir für deren Inhalte keine Haftung, da wir uns diese
nicht zu eigen machen, sondern lediglich auf deren Stand zum Zeitpunkt
der Erstveröffentlichung verweisen.

 Dieses Buch ist auch als E-Book erhältlich.

Verlagsgruppe Random House FSC® N001967

1. Auflage
Taschenbuchausgabe November 2017
Wilhelm Goldmann Verlag, München,
in der Verlagsgruppe Random House GmbH
Neumarkter Str. 28, 81673 München
Copyright © 2016 by Wilhelm Goldmann Verlag, München,
in der Verlagsgruppe Random House GmbH
Umschlaggestaltung: UNO Werbeagentur, München
KF · Herstellung: kw
Satz: Buch-Werkstatt GmbH, Bad Aibling
Druck und Einband: GGP Media GmbH, Pößneck
Printed in Germany
ISBN: 978-3-442-15947-5
www.goldmann-verlag.de

Besuchen Sie den Goldmann Verlag im Netz

Nur Liebe und Tod ändern alle Dinge.

Khalil Gibran

Dem Nicht-Verstehenmüssen gewidmet

Aufstehen und Weiterleben

Was fühlt ein Mensch, wenn er einen geliebten Menschen verliert? Was geht in ihm vor, wenn von heute auf morgen sein Partner, sein Kind, seine Eltern oder Geschwister sterben, ein geliebter Familienangehöriger plötzlich nicht mehr da ist? Wie kann er danach überhaupt weiterleben?

Der Tod eines geliebten Menschen verändert das eigene Leben für immer. Nicht nur das eigene, sondern auch das von ganzen Familien. Als ich sechs Jahre alt war, starb mein kleiner Bruder vor meinen Augen. Es war bei uns zu Hause, und es war ein Unfall. Ich weiß noch heute, über vierzig Jahre danach, wie das Wetter war, erinnere, dass ich ein blau-weiß gestreiftes Sommerkleid trug, sehe die rote Farbe meiner Schuhe vor mir und die langen Zöpfe, die meine Mutter mir an jenem Sonntagmorgen geflochten hatte. Ich habe die versteinerten Gesichter meiner Eltern vor Augen, glasklar, bis heute. Dieses traurige Ereignis hat das Leben unserer gesamten Familie für immer verändert.

Tod und Trauer beschäftigen mich seither. Vor einigen Jahren machte ich eine Ausbildung zur Sterbebegleiterin in einem Berliner Hospiz. Ich lernte, wie für Menschen, die um ihr baldiges Sterben wissen, am Ende noch ein würdiger Raum entstehen kann, zu sich selber zu finden, mit sich ins Reine zu kommen. Viele Sterbende erzählten mir, wie sie ihr Leben im Rückblick betrachteten. Jede einzelne Lebensgeschichte hat mich tief berührt. Darüber habe ich mein erstes Buch geschrieben.

Bei meiner Hospiz-Arbeit bin ich auch mit vielen Angehörigen ins Gespräch gekommen. Zu manchen habe ich noch Jahre nach dem Verlust ihrer geliebten Frau, ihres Kindes, des Vaters oder des Bruders Kontakt. Wie haben sie es geschafft, sich dem Leben wieder zu öffnen? Wie haben sie nach oft langen Jahren der Trauer dem Leben wieder etwas Positives abgewinnen können?

Darum geht es in diesem Buch. Hinterbliebene haben mir erzählt, wie sie einen oder sogar mehrere große Verluste verschmerzt haben. Wie sie zunächst unter Schock standen, dann trauerten, und irgendwann mit dem Weiterleben begonnen haben.

So, wie jeder Mensch anders liebt, trauert jeder anders. Jeder Verlust ist ein anderer und mit keinem weiteren vergleichbar. Es gibt auch keinen leichteren oder schwereren Schicksalsschlag, selbst wenn das von außen manchmal so erscheinen mag.

Was hilft es einem schon, wenn es heißt: »Es war besser so für ihn«? Ein Verlust wiegt genauso schwer, wie er von dem trauernden Menschen empfunden wird. Ganz gleich, ob Eltern ihr Kind verloren oder die Ehefrau ihren geliebten Ehemann. Während aller Gespräche habe ich gespürt: Man kann seine Seele nicht vor dem Gefühl der Trauer schützen. Ich kann mir keine größere emotionale Wucht im Leben vorstellen als die, mit der der Mensch im Verlust eines geliebten Menschen auf sich selber zurückgeworfen wird.

Auch kann man sich auf Trauer nicht vorbereiten. (Vielleicht können es einige buddhistische Mönche, denen es auch gelingt, sich angstfrei auf das Sterben vorzubereiten, aber sie sind eine Ausnahme.) Es gibt keinen Maßstab, keinen Deal, keine Vermittlung, keinen Pakt, kein Ende, auf das man hinleiden könnte. Trauer fühlt sich so tief, weit und bodenlos an wie ein unendliches Meer. Kein Land in Sicht, keine Zukunft. Deswegen haben die allermeisten Menschen auch Angst vor diesem Gefühl. Ich gehöre sicher dazu.

Gerade in der Zeit, in der wir leben, findet die Trauer keinen angemessenen Platz. Trauern steht für Unglück, und das entspricht nicht dem Zeitgeist: Alles Forschen, Denken und Handeln ist auf das immer bessere, glücklichere Leben ausgerichtet. Auf das Wachsen und das Werden, auf das Sein – und auf den Erhalt des Seins.

Irgendwann auf den vielen Fortschrittswegen, die wir alle täglich gehen, haben wir aber verlernt, vergehen zu können. Und noch viel weniger können wir dieses Vergehenmüssen bewusst akzeptieren. Als Gesellschaft tun wir vielmehr alles dafür, dem Vergehen zu entgehen. Immer wieder. Wir tun unser Möglichstes, den Tod zu verhindern, und wenig, ihn als etwas ebenso Natürliches wie das Leben anzunehmen.

Genau das aber ist unsere Aufgabe, wenn wir einen geliebten Menschen verlieren. Und diese Aufgabe ist sehr groß.Vielleicht gehört sie sogar zu den größten und wichtigsten Aufgaben, die das Leben an uns stellt. Denn es geht um nichts Geringeres als um das Loslassen können. Wer jemals einen anderen Menschen geliebt hat, dem wird das Leben diese Aufgabe stellen, früher oder später. Und zwar, bevor er selber stirbt. Es gibt also kein Entkommen.

Deswegen bin ich den Menschen, die mir für dieses Buch von ihrer Verlusterfahrung erzählt haben, äußerst dankbar: für ihren Mut, über das traurigste, schmerzhafteste Kapitel ihres Lebens zu sprechen. Für ihre Bereitschaft, längst oder auch nur gerade eben geheilte Wunden wieder aufreißen zu lassen – durch das Sprechen über ihren Schmerz. Ganz gleich, ob der Verlust zehn, vierzig oder nur zwei Jahre her ist. Ohne ihren Mut, sich ihrem Schmerz erneut durch das Erzählen zu stellen, gäbe es dieses Buch nicht.

Viele haben dies vor allem getan, um anderen, die ihre Geschichte lesen, Mut zum Weiterleben zu machen – nachdem auch sie jemanden verloren haben oder noch verlieren werden. Fast alle erlebten es als heilsamen, wenn auch harten Prozess, ihre Verlustgeschichte in Worte zu fassen und sich das eigentlich Unsagbare von der Seele zu reden. Einige, die ich fragte, konnten einfach nicht darüber sprechen, weil es noch oder wieder zu schmerzhaft gewesen wäre. Auch ihnen möchte ich danken, dafür, dass sie sich genau das bewusst gemacht haben.

Wie schwer es ist, über den Tod eines geliebten Menschen innerhalb der Familie zu sprechen, ist für mich eine erschütternde Erkenntnis. Totale Sprachlosigkeit. Jahrzehntelang, manchmal für immer. Schockstarre der Seele. Zu groß ist für viele Menschen der Tod, um ihn zu begreifen. Zu groß der Schmerz, um Worte zu finden. Um darüber zu reden. Darüber, was dieser Verlust mit der hinterbliebenen Mutter, dem hinterbliebenen Ehemann, den zurückgelassenen Geschwistern und auch Freunden macht. Was sie fühlen, welche Gedanken ihnen kommen, was dieses Nichtmehrdasein eines Menschen für sie bedeutet. Darüber, wie sehr er oder sie fehlen. Über mögliche Schuldgefühle. Wie verzweifelt man ist. Wie wenig man es noch geschafft hat, diesen Verlust anzunehmen. Wie schwer es ist, morgens aufzustehen und weiterzuleben.

Nicht-Sprechen hat leider oft weiteres Unglück zur Folge. Vielleicht zerbräche manche Familie nicht, könnten ihre Mitglieder miteinander reden – über das, was am meisten weh tut.

Mich berührt zutiefst, wie die Erzählenden in diesem Buch es vermocht haben, nach dem Verlust eines oder mehrerer wichtiger, nahestehender Menschen Kraft zum Weiterleben zu schöpfen. Wie sie nach für mich unvorstellbaren

Tragödien, die viele erlebt haben, Schritt für Schritt wieder ins Leben zurückfanden. Denn während die Außenwelt schon kurz nach dem Begräbnis zur Tagesordnung übergeht, bleibt die Innenwelt der Hinterbliebenen für immer verändert, bis zu ihrem eigenen Tod. Die Erzählenden haben sich Hilfe von Psychologen geholt, haben Halt im Glauben gefunden, auch in der Arbeit, haben Familienzusammenhalt erfahren, oder sie haben ein Kind adoptiert. Sie haben es irgendwann geschafft, den Verlust als Teil ihres Lebens zu akzeptieren und auch zu integrieren. Selbst wenn das bedeutete, dass das bestehende Familiensystem zusammenbrach und sich ein neues zusammenfügte. Dass nach dem Tod eines gemeinsamen Kindes die Ehe auseinanderbrach oder, im Gegenteil, dieser Verlust ein Paar umso mehr zusammenschweißte. Sie haben sich helfen lassen – von Freunden, Verwandten, Therapeuten oder Seelsorgern.

Aus allen Lebensgeschichten erfahren wir, dass der Schmerz über den Verlust eine transformative Kraft hat oder selber ist: durch das Leiden und die Trauer sind die Erzählenden zu anderen Menschen geworden. Zu stärkeren, einfühlsameren und achtsameren Menschen. Der Verlust lehrt einen, das Wesentliche in sich selber zu sehen.

Das ist für mich die große und wichtige Botschaft dieses Buches: dass es möglich ist, nach einer gewissen Zeit, wie lange sie auch immer dauert, einen geliebten Men-

schen loszulassen. Dass man es schaffen kann, sich irgend-
wann wieder dem Leben zu öffnen, einem neuen Leben.
Dass der Sinn des Lebens nicht in der immerwährenden
Trauer liegen kann. Sondern irgendwo im Leben. Im
Weiterleben.

Andrea Gunthert

Es gibt keinen Tag, an dem ich nicht daran denke

Ich habe begonnen, Julian zu verlieren, nicht, als er starb, sondern, als ich ihn auf die Welt brachte. Das war die Zeit des Verlustes, und es war die allerschlimmste Zeit meines Lebens. Denn mir war von der ersten Sekunde an klar, was da Schreckliches auf uns zukommt. Das habe ich sofort gewusst.

Es war eine ganz normale Schwangerschaft, aber ich bin ja so ein Organisations- und Kontroll- und Sicherheitsfanatiker, also habe ich jede Art von Vorsorge gemacht, die der Mensch nur machen kann. Ich war auch nicht mehr die Jüngste, schon Mitte dreißig. Es war mein erstes Kind. Da habe ich einfach alle Vorsorgeuntersuchungen mitgemacht.

Drei Wochen vor dem errechneten Geburtstermin wachte ich morgens auf und bekam den Eindruck, dass da etwas nicht stimmte. Auch wenn es meine erste Schwangerschaft war und ich keine Gynäkologin bin, sondern Hautärztin, aber hier stimmte etwas nicht. Die Kindsbewegungen hatten stark nachgelassen. Daraufhin bin ich sofort in die Klinik gefahren. Ich war schon vom niedergelassenen Arzt an die Klinik überwiesen worden, damit die einen kennenlernen, bevor man zur Entbindung dort auftaucht.

Mein Arzt selber war noch im Urlaub. Er wäre zum errechneten Geburtstermin da gewesen. Ich wurde von einem Oberarzt untersucht, der mich zu beruhigen versuchte: »Machen Sie sich keine Gedanken, dieses Kind ist schon so groß, der kann sich gar nicht mehr bewegen, der liegt schon im kleinen Becken.« Und so weiter. Na ja, ich ging halbwegs beruhigt da weg. Ich bin auch jemand, der sich auf Fachleute verlässt. Dann war auch viel zu tun, es war unter der Woche, und ich arbeitete immer noch.

Zwei, drei Tage später kam das Wochenende, ich kam zur Ruhe und bemerkte: Mein Kind bewegt sich nicht nur nicht. Mein Gefühl war: Mein Sohn hängt da drin wie ein nasser Sack. Also bin ich wieder in die Klinik gefahren und habe gesagt: »Hören Sie mal, ich bin nicht angemeldet, tut mir leid, und jetzt ist auch noch Wochenende, aber ich glaube, da stimmt was nicht. Ich würde sagen, mein Kind hängt da in mir drin wie ein nasser Sack. Das kann doch nicht normal sein.« Diesmal haben die Ärzte die Notsituation erkannt. Es gab einen Notkaiserschnitt, eine Dreiviertelstunde dauerte das. Obwohl, wie ich später von den Anwälten hörte, das Baby bei einem Notkaiserschnitt in 13 Minuten draußen sein muss.

Es war an einem Sonntag. Ich lag noch in Narkose, als mein Kind zur Welt kam. Mit Apgar null. Apgar ist ein Punkteschema, in das man die Kinder nach der Geburt einteilt. Das besteht aus Punkten für Spontanatmung,

Muskelspannung, Herzschlag und Hautfarbe etc. Die Kinder, die man so kennt, haben fast immer zehn Punkte. Es gibt welche, die haben neun Punkte. Man mag auch das eine oder andere Kind kennen, das acht Apgar-Punkte hat. Mein Sohn hatte null. Wenn man das in die Umgangssprache übersetzt, heißt das: Totgeburt.

Als ich aufwachte, sah ich die Gesichter um mich herum und hörte: Apgar null. Da war mir alles klar. Mir war wirklich alles klar. Sofort. Ich weiß noch, am ersten Abend, wir saßen im Dunkeln, mein Mann Stefan und ich, und … furchtbar. Furchtbar! Es kamen dann auch die Schwestern und sagten: »Ach, warten Sie mal ab. Es hat sich schon so viel noch gewendet.« Aber mir war von Anfang an klar, was die Null bedeuten würde.

Wir hatten uns Julian so sehr gewünscht. Es hat jahrelang gedauert, bis es überhaupt zu dieser Schwangerschaft gekommen war. Die Schwangerschaft mit Julian war das Ergebnis von elf Inseminationen und dreimal Reagenzglas. Und jetzt lag er auf der Intensivstation, an alle Maschinen und Schläuche angeschlossen, die so ein Krankenhaus zu bieten hat. Wo war sein Leben?

Ich hatte gleich zu Stefan gesagt: »Also ich glaube, das Einzige, was uns hier je wieder rausführt, ist so schnell wie möglich so viele weitere Kinder wie möglich zu kriegen.« Aber das war natürlich alles Wunschdenken. Und nun kam die schlimmste Zeit, die ich mir je hatte vorstellen können. Ich war wirklich in der dunkelsten Ecke vom finstersten Jammertal. Zwei Jahre lang.

Bei so einem neugeborenen Baby kannst du natürlich alle möglichen Funktionen noch gar nicht testen. Du hast keine Ahnung vom Intellekt, vom Sehvermögen, vom Hörvermögen usw. Das geht nur schrittweise. Ist ja klar, je älter ein Baby wird, desto mehr Tests kannst du dann auch machen. Und so durftest du dich als eigentlich glückliche frischgeborene Mutter schrittweise verabschieden von deinem Kind, das einmal laufen wird, von einem Kind, das mal sprechen wird, von dem Kind, das überhaupt und ungefähr versteht, was du sagst, geschweige denn genau.

Und das war das Furchtbarste an dieser ganzen Geschichte. Der Tod nachher – aber jetzt greife ich schon vor –, der Tod meines geliebten Julian, das war wie eine Art Riesenpaukenschlag am Ende. Aber diese finsterste, schrecklichste, traurigste Zeit war vorher, denn man hat dann doch ein bisschen Hoffnung.

Eine schreckliche Zäsur kam ungefähr drei Wochen nach der Entbindung. Man gab sich furchtbare Mühe, alles für uns zu tun, sehr viele Ärzte halfen mit, überlegten mit, machten Vorschläge. Ich wurde von Pontius zu Pilatus geschickt mit meinem Neugeborenen, weil man irgendwie sehen wollte, wem kann hier in diesem schrecklichen Fall noch irgendwas einfallen. Ich wurde zu einer besonderen Ultraschalluntersuchung in ein spezialisiertes Krankenhaus geschickt. Die Schädigung von Julian war im Gehirn. Und vom Gehirn aus werden ja alle Funktionen gesteuert: Laufen, Sprechen, Denken, Fühlen, Sehen. Alles findet im Gehirn statt, der Zentrale sozusagen. Da war der Hauptschaden. Es war ein Sauerstoffschaden. Es wurde nie geklärt, was die Ursache seiner Krankheit war. Ob mein Kind sich selber mit der Schulter die Nabelschnur abgedrückt hatte? Man wusste es nicht. Und man wird es nie wissen. Die Frage nach dem Warum konnte nie beantwortet werden.

Nach drei Wochen wurde ich also in dieses Krankenhaus geschickt zu einer Ultraschall-Spezialistin. Ich war wie immer bei diesen vielen Besuchen ganz alleine. Ich fuhr mit dem Taxi dorthin, meinen kleinen Sohn in einer Wolldecke eingewickelt auf dem Arm. Ich war aufgelöst! Ich wusste genau, jetzt wird die Büchse der Pandora wieder geöffnet, und ich kriege irgendwelche Ausblicke auf die Zukunft, irgendwelche Ideen, wie dieses Gehirn wohl von innen genau aussieht. Die Frau war furchtbar nett. Sie sah, dass ich aufgelöst war. Ich konnte kaum sprechen. Sie war sehr warmherzig, sehr freundlich und sagte: »Kommen Sie doch erst mal rein.« Und lächelte mich an: »Jetzt warten Sie mal ab, jetzt wollen wir doch erst mal schauen.« Dann begann sie mit der Untersuchung. Sie sprach kein Wort. Sie sprach überhaupt kein Wort. Und als sie dann endlich fertig war, schaute sie in Unterlagen auf ihrem Schreibtisch nach.

Was war passiert? Ich glaube, ich habe die Szenerie genau richtig gedeutet: Sie rang mit ihrer eigenen Fassung, weil sie in dieses Gehirn reinschaute. Es hieß nachher, die ganzen Kavernen und Windungen wären mit Wasser gefüllt. Ich habe das Monate später noch wiederholt: »Mit was haben Sie gesagt? Mit Wasser gefüllt?« Es stellte sich heraus, dass da, wo sonst Gehirn ist, bei Julian nur Flüssigkeit war. Gewebewasser, vereinfacht ausgedrückt. Diese Frau war so fassungslos, dass sie sich gar nicht richtig verbalisieren konnte. Sie konnte mir weder sagen, es ist alles in Ordnung, oder, jetzt warten wir mal ab und schauen wir mal, da ist noch alles möglich und vielversprechend vielleicht. Nichts dergleichen! Ich sah in ihrem Gesicht, in ihren Gesichtszügen, was in ihrem Kopf vorging. Sie brauchte mir gar nichts zu sagen, ich habe alles in ihrem Gesicht gesehen. Das war die schrecklichste Zeit.

Und es war doppelt furchtbar. Erst bekam ich in regelmäßigen Abständen eine schlimme neue Nachricht, zum Beispiel die, dass Julian blind ist. Und die zweite schlimme Sache war: Bei solchen Nachrichten war ich immer alleine mit den Kollegen, die unseren geliebten Sohn untersuchten. Und dann musste ich es noch Stefan beibringen, das machte es doppelt schlimm. Denn mein Mann regte sich furchtbar auf und setzte in seiner Verbitterung dem Leben gegenüber immer noch einen obendrauf, so dass ich das schon gar nicht mehr ertragen konnte. Und dieses Zweizeitige, das war dann ein doppeltes Package, das ich irgendwie verarbeiten musste. Es war eine furchtbare Zeit.

Vor der Geburt dachte ich mir: Hach, so eine Mutter mit Baby, das wollen wir mal so richtig genießen. Deswegen hatte ich schon lange vorher eine Wochenbettpflegerin engagiert, die auch Kinderkrankenschwester war. Ohne zu wissen, wie wichtig diese Entscheidung werden würde. So kam es, dass ich in der Klinik nach vier Wochen sagen konnte: »Jetzt geben Sie mir doch endlich mein Baby nach Hause, ich habe dort doch eine Kinderkrankenschwester.« Und deswegen durfte er dann mit. Sonst hätte Julian noch viel länger in der Klinik sein müssen.

Ich war so fertig. Und daher war es natürlich viel schöner, als das Baby im Haus war und ich neben seinem Bettchen sitzen konnte. Stundenlang. Eine Mahlzeit mit meinem Sohn dauerte meistens eine Stunde und 45 Minuten, denn er entwickelte dann auch diese spastische Schluckstörung, und von jeder Nahrung, die er schlucken sollte, kam drei Viertel wieder raus.

Obwohl ich ein positiver und tatkräftiger Mensch bin, wollte ich morgens nicht mehr wach werden. Ich blieb einfach im Bett liegen. Ich bin ein Frühaufsteher mit guter Laune, jeden Morgen bin ich um sechs Uhr wach.

Irgendwann in dieser Zeit begann ich aufzuwachen, und dann war es so, als schlüge mich jemand mit einem nassen Tuch. Ich war noch im Halbschlaf, weil dieser ganze schreckliche Kummer mich sofort überfiel beim Aufwachen. Ich wollte gar nicht wach werden. Wach werden bedeutete ja weiterleben mit diesem Schmerz. Ich sagte mir vielmehr: Schlaf noch weiter, dann denkst du vielleicht nicht daran.

Und so kam es, dass ich an unheimlich vielen Tagen um Viertel vor zwölf morgens, also mittags, noch im Nachthemd aufgelöst durch meinen Haushalt geisterte. Denn als Mutter ist es natürlich dein natürlicher Trieb und auch deine Intention, dafür ist man ja als Mutter da, seinem Baby zu helfen, irgendwie. Ich steigerte mich da so sehr rein, dass ich mir nachher ernsthafte Gedanken machte, ob ich den Schnuller für mein Baby von links oder von rechts in dieses Mündchen stecke. Es kamen zahlreiche Therapeuten, Frühtherapeuten und Krankengymnasten, alle kamen und wollten helfen. Da gibt es viele gute Tipps. Aber innerlich übersteigerte ich das so dermaßen, dass ich überhaupt keine Lässigkeit hatte zu sagen: Komm, jetzt lassen wir heute mal den lieben Gott einen guten Mann sein. Sondern ich versuchte alles aufzunehmen und alles noch besser und noch genauer zu machen, immerzu. Und ich schaffte es bei dieser ganzen absoluten Überfürsorge, die das Kind wahrscheinlich fertiger gemacht hat, als wenn ich gar nichts gemacht hätte, noch nicht mal, mich anzuziehen.

Dann kam aber der Tag. Julian kam im August zur Welt, und ich hatte gesagt, okay, im neuen Jahr komme ich dann wieder zur Arbeit. Wir müssen mal sehen, wie es geht. Was man halt so sagt, bevor eine normale Mutter ein normales Kind gebärt. Meine Sprechstundenhilfe telefonierte immer wieder aufs Neue herum nach einem Praxisvertreter. Ein Riesendurcheinander in meiner Praxis. Aber der Tag kam näher, an dem ich wieder selber anfangen sollte und auch musste, schließlich verdiene ich mit der Praxis unseren Lebensunterhalt. Das war eine der wichtigen Triebfedern für mich, meine Arbeit als Hautärztin wieder aufzunehmen.

Dabei war ich überhaupt nicht in der Lage dazu. Ich war ja noch nicht mal in der Lage, mich bis zwölf Uhr mittags anzuziehen! Aber der Tag kam. Und dann habe ich mit etwas angefangen, was unglaublich banal ist, aber für mich die einzige Möglichkeit war weiterzuleben: Ich lag im Bett und habe zu mir gesagt: Andrea, nicht denken, sondern nur den ersten Schritt aus dem Bett raus machen. Aufstehen und ins Badezimmer gehen. Nur einen ersten Schritt. Nur diesen. Und als ich das dann irgendwann geschafft hatte und im Badezimmer stand, da habe ich gesagt: Okay, gar nicht weiterdenken, nur den zweiten Schritt tun, die Zähne putzen. Und dann habe ich die Zähne geputzt.

So habe ich mich wieder ins Leben reingekriegt, mit diesen lächerlichen, banalen Schritten. Nur so habe ich es geschafft, überhaupt zu einer ordentlichen Uhrzeit fertig angezogen zu sein. Und das habe ich gemacht mit einer eisernen Disziplin. Ich habe versucht, das Gehirn auszuschalten, habe nur den Weg überlegt, der jetzt zu gehen ist – vom Bett ins Badezimmer. Und dann bis zur Zahnbürste mit Zahnpasta. Und so weiter.

Irgendwann war ich fertig. Dann musste ich also in die Praxis fahren. Okay. Hier kam mir eine ganz wichtige Sache zu Hilfe, und das ist meine Botschaft: Wenn man einen halbwegs vernünftigen Beruf hat, muss man ihn machen. Es passierte dann Folgendes: Erstens musste ich mich unheimlich konzentrieren. Ich konnte ja nicht meinen schlimmen, desolaten Zustand an der Gesundheit von anderen Leuten auslassen, die vielleicht im schlimmsten

Fall – so etwas passiert nicht so schnell, aber trotzdem – noch kränker werden würden als vor ihrem Besuch in meiner Praxis. Das heißt, ich habe da gesessen und habe wirklich mein Äußerstes gegeben. Und zweitens fühlte ich mich durch die Begegnung mit meinen Patienten in meinem unendlichen Leid in einem menschlichen Umfeld, in dem so etwas nicht wirklich eine Seltenheit ist, sondern in dem andere auch mehr oder weniger und schlimmer oder weniger schlimm ihren Kummer haben. Mittags eilte ich nach Hause, schaute mir mein eigenes Elend an und ging nachmittags wieder in die Praxis.

Das ist etwas, was andere auch schaffen können, die Ähnliches erlebt haben wie ich: Man schafft es mit den denkbar kleinsten Schritten, morgens in den Tag zu gelangen, und man schafft es mit seiner Arbeit. So habe ich mir meine eigene Zukunft jeden Tag ein kleines Stück mehr erarbeitet. Nur so. Wenn Sie gesehen hätten, wie ich versucht habe, mich anzuziehen …

Dass ich dann tatsächlich noch mit zwei weiteren Söhnen schwanger wurde, die beide kerngesund sind, war, glaube ich, das Mutigste, was ich in meinem ganzen Leben gemacht habe. Weil ich natürlich auf meinem Weg durch die verschiedenen Institutionen, Behindertenheime und Fördereinrichtungen genügend Mütter gesehen habe, die nicht ein behindertes Kind hatten, sondern zwei oder drei behinderte Kinder. Das ist nämlich gar keine Seltenheit. Ob es ein Gendefekt ist, eine Plazentainsuffizienz ist, die dann auch beim zweiten und dritten

Mal zum Tragen kommt, wie auch immer. Von daher war das schon mutig.

Ich hatte einen Arzt, einen Kinder-Neurologen, der mir unheimlich Mut gemacht hat. Ein ganz erfahrener. Er empfing mich noch aus seinem Ruhestand heraus und gab mir Tipps. Er sagte jedes Mal als Erstes: »Na, Frau Gunthert, sind Sie schon wieder schwanger?« Und ich habe nachher schon gelacht und gesagt: »Herr Professor, ich werde doch nicht so schnell schwanger und kann noch keinen Erfolg melden, aber ja, ich bleibe am Ball.«

Constantin kam drei Jahre nach Julian zur Welt. Wieder nach 13 Inseminationen. Und er war quietschfidel. Ich hatte große Angst vor seiner Geburt. Schon sechs Wochen vor dem errechneten Geburtstermin bin ich ins Krankenhaus eingezogen. Ich habe gesagt, ich bin jetzt nicht hysterisch, aber ich überlasse gar nichts mehr dem Zufall. Hier bin ich.

Man hat mir ein nettes, kleines Zimmerchen gegeben neben dem Kreißsaal. »Bitte verstehen Sie mich nicht falsch, aber ich möchte, dass Sie mich jeden Morgen und jeden Abend untersuchen. Machen Sie jeden Test mit mir, und zwar nicht doppelt und dreifach, sondern alles, was wichtig ist, jeden Tag aufs Neue. Und wenn das Kind halbwegs groß genug ist, dann holen wir es einfach da raus.« Die Gynäkologen waren gar nicht begeistert. Das war drei Wochen vor dem Termin. Die haben mit mir um jeden Tag gerungen. Ich habe gesagt: »Okay, machen wir einen Kompromiss, Sie holen nachher den Kinderarzt, also morgen oder bei der Visite, und wenn der Kinderarzt sagt: Okay, von mir aus ja, dann machen wir das.« Und so haben wir es gemacht. Auch bei Valentin, der zwei Jahre später kam. Ich hatte ja kein normales Verhältnis mehr zu Geburten. Alle haben auf mich aufgepasst, und das war ein beruhigendes Gefühl.

Constantin und Valentin waren das Glück, das wieder ins Haus einzog. Julian lag immer auf einer Decke oder einem Kissen oder war auf dem Schoß, und er kriegte genau mit, wenn seine Brüder in seiner Nähe waren. Als seine beiden Brüder noch klein waren, habe ich sie neben Julian gelegt, und er gab glückliche Laute von sich: »Hmmmmm.« Egal, ob er vorher schlechte Laune hatte, wenn Constantin und Valentin dazukamen, durften die richtig auf ihn drauftreten und mit ihm spielen. Das war pures Glück. Ich habe da noch ganz rührende Fotos, wie er so »Hmmm« sagte, wie er dann da so lag und sich an seinen strampelnden, fröhlichen Baby-Brüdern erfreute. Dann war eine völlig andere Stimmung im Haus.

Trotzdem war ich natürlich überlastet mit dem kranken Jungen und zwei ganz kleinen. Stefan flüchtete sich in seine Arbeit, weil ihm das alles zu viel war. Aber es war trotzdem wunderbar. Ich hatte wieder ins Leben gefunden. Anders, als man gemeinhin denkt, ist es ja nicht so, dass Kummer ein Paar zusammenschweißt. Das ist ein Ammenmärchen. Ich weiß nicht, wer das mal irgendwann aufgebracht hat.

Stattdessen trauern Menschen, selbst wenn sie sich lieben, völlig unterschiedlich. Ich habe gehört, 85 Prozent der Eltern von schwerstkranken oder gestorbenen Kindern trennen sich über kurz oder lang. Ich weiß nicht, ob diese Zahl belastbar ist, aber die hat sich mir so eingeprägt. Und die anderen 15 Prozent, da weiß man natürlich auch nicht wirklich, aus welchen Gründen die zusammenbleiben. Vielleicht auch, weil sie sonst ihr Leben gar nicht mehr hinkriegen würden oder aus finanziellen Gründen. Bei uns war es so: Ich habe mich immer mehr in die Betreuung unseres kranken Kindes reingesteigert, und mein Mann hat immer mehr versucht, sich abzulenken. Das war dann so ungefähr der Anfang vom Ende.

Dass er eine Neue schon vor Constantins Geburt hatte, habe ich erst fünf Jahre später mitbekommen. Sehr merkwürdig, wieso ich das nicht vorher merkte. Fünf Jahre lang! Vielleicht, weil ich es nicht wollte? Das war so eine klassische Sache mit dem Handy. Irgendwie war hier zu Hause ein Durcheinander, das eine Kindermädchen wollte abgeholt werden, ich war aber gar nicht da oder wie auch immer. Unser drahtloses Festnetztelefon war wie immer verschwunden. Dann lag da Stefans Handy, und ich dachte: Ich rufe mal ganz schnell mit seinem Handy irgendwen an. In dem Moment war eine SMS eingetroffen.

Ich bin sonst überhaupt nicht eifersüchtig, aber irgendwie war ich in dieser Sekunde einfach einen Hauch neugierig und dachte: Ach, Sonntagnachmittag um fünf, wer meldet sich denn da? Und drückte da drauf. Dann stand da: »Ich vermisse Dich so und sehne mich unendlich nach Dir. Wann kommst Du endlich wieder zu mir?« Unterschrift: Monika. Ich kannte eine Monika, und in der Sekunde war mir alles klar. Ich fragte mich nicht: Oh, was ist das denn? Sondern ich wusste sofort Bescheid.

Danach war er wie Helmut Kohl in der Spendenaffäre, er gab die Sache nur scheibchenweise zu. Ich musste es ihm sozusagen erst nachweisen, ehe er mit der Wahrheit richtig rausrückte. Das war natürlich eine unglaubliche Enttäuschung. Aber es war auch ein Wendepunkt. Sechs Wochen danach habe ich fest beschlossen, alleine wieder komplett neu anzufangen. Und diese Entscheidung habe ich nicht eine Sekunde bereut, es fühlte sich sehr klar an.

Unser Julian war gerade ein paar Monate vorher gestorben. Es war in einer nebeligen Herbstnacht. Seit Monaten bis gefühlten Jahren war es der erste Abend, an dem Stefan und ich zusammen unser krankes Kind in sein Zimmerchen brachten, ins Bettchen legten, das Kopfkissen und noch ein anderes Kissen unter diesen armen Körper schoben, die Decke noch mal festklopften, die Heizung noch mal kontrollierten und Julian noch mal streichelten. Beide miteinander standen wir vor diesem Bettchen: »Schlaf schön, mein Schätzchen!« Und beide hatten wir über seinen Kopf gestreichelt. Ich glaube, so ein gemeinsamer Moment mit unserem Sohn hat anderthalb oder zwei Jahre vorher das letzte Mal stattgefunden, oder es hat ihn auch gar nicht vorher so gegeben. Es war jedenfalls sehr ungewöhnlich.

Und dann kam die Nacht. In der Nacht habe ich ein-, zweimal auf der Treppe gestanden und habe gelauscht, weil ich dachte, Julian weint. Und Stefan, der in einem anderen Zimmer schlief, hatte in derselben Nacht zu anderen Zeitpunkten auch auf der Treppe gestanden und gedacht, er weint. Julian war nicht krank gewesen, also ich meine, es gab keine neue zusätzliche Störung wie zum Beispiel eine Erkältung oder irgendetwas. Es war eigentlich alles wie immer.

Er hat diese Nacht nicht überlebt. Am nächsten Morgen wollte ich ihn wecken und anziehen. Ich ging alleine hoch, wollte ihn wie jeden Morgen für die Frühförderungseinrichtung fertig machen. Da lag er tot vor dem Bett. Auf dem Fußboden. Er hatte ja neben den ganzen anderen Sachen auch noch Epilepsie in verschiedenen Stufen durchlaufen. Vielleicht hatte er in der Nacht einen ersten großen Anfall, hatte sich aufgebäumt und war aus dem Bett gefallen. Es war ein ganz niedriges Bett, denn er konnte sich ja noch nicht mal selbst umdrehen. Insofern brauchte es auch kein großes Gitter wie bei anderen Kinderbetten. Er war sieben Jahre alt. Und weil er sich nicht drehen konnte, konnte er auch nicht rausfallen. Aber vielleicht hatte das mit diesem Krampfanfall zu tun. Wir wissen es nicht und werden es auch nie wissen.

Sein Tod kam so unglaublich plötzlich. Ich habe sofort den Notarzt gerufen, der Krankenwagen kam. Die Retter konnten aber nur noch den Tod feststellen. Zehn Minuten später stand die Kriminalpolizei vor der Tür. Sie kamen herein und verhörten Stefan und mich getrennt voneinander. Die beiden Herren waren sehr, sehr nett.

Und auch Stefan, der sonst immer meckerte, empfand das so. Ich hatte auch sofort zu den Herren gesagt: »Ich verstehe das. Da liegt ein Kind tot auf dem Fußboden, selbstverständlich müssen Sie kommen und sich das hier anschauen.«

Es war ein Riesendrama. Ich fand Julian oben, Constantin saß auf der Treppe. Du begreifst in dem Moment nicht genau, ist er nur bewusstlos oder … Es ist so unverständlich. Ich habe ihn dann nur auf den Arm genommen, bin schreiend vom zweiten in den ersten Stock gelaufen, habe ihn da auf einen Teppich gelegt, habe versucht, mir zu überlegen, was ich jetzt mache. Ich rief sofort die Notrufnummer an.

Constantin saß die ganze Zeit daneben und starrte schweigend und wie hypnotisiert auf uns herunter. Plötzlich so viel Polizei im Haus. Glücklicherweise kam bald schon Anita, unser spanisches Kindermädchen. Sie fing ja morgens immer sehr früh an. Anita war ein ganz junges Mädchen, aber sie hat wunderbar reagiert. Valentin turnte oben in seinem Gitterbett herum, und Constantin saß wie angewurzelt auf der Treppe. Ich versuchte immerzu, ihn nach oben zu schicken, aber er ging nicht. Und dann kam Anita und hat sich mit den Kindern hingesetzt und war rührend. Sie hatte sich folgende Geschichte ausgedacht: Julian ist jetzt im Himmel, lieber Constantin und Valentin, und im Himmel kann euer Bruder sprechen, und er kann laufen und guckt jetzt auf uns runter. Jetzt geht es ihm gut!

Das war so tröstlich für die beiden Jungen, die natürlich immer, solange sie denken konnten, die Krankheit ihres Bruders so mitbekamen, wie sie eben war. Sie haben unheimlich zurückstecken müssen. Immer hatten sie den kranken Bruder erlebt. Das war natürlich auch für die zwei eine ganz, ganz große Einschränkung, muss man sagen.

Einschränkung ist nicht das richtige Wort, das ist so ein neutraler Begriff. Ich glaube, das Wort Ausnahmezustand trifft es besser. Nichts war normal in unserer Familie. Jeder Tag mit Julian war unberechenbar. Egal was wir vorhatten, egal was, wann und wie, plötzlich, und wir reden hier von allen drei Wochen, war wieder irgendetwas ganz Schlimmes passiert, und Julian musste wieder ins Krankenhaus. Man musste alles stehen und liegen lassen und sofort mit ihm dorthin fahren. Er kriegte nicht mehr richtig Luft, oder er kriegte neue epileptische Anfälle. Er war sehr krank. Immer wieder kam etwas Neues hinzu. Und die anderen Kinder, egal was war, ob einer Geburtstag hatte oder so etwas Schönes: nichts. Denn immer wieder war Julian dran und sonst niemand.

Ich hatte ja Gott sei Dank viel Hilfe, insofern habe ich es besser gehabt als viele andere. Teilweise haben mich auch Sprechstundenhilfen unterstützt. Ich habe dann eine Sprechstundenhilfe in der Praxis zur Seite genommen und gesagt: »Mein Sohn liegt jetzt im Krankenhaus, ich möchte nicht, dass er da alleine ist. Die Schwestern dort haben zu viel zu tun. Sie können nicht ständig bei Julian sein und ihm über den Kopf streicheln oder das Händchen halten. Die haben auch andere Patienten. Ich möchte, dass jemand von uns da ist und ihm die Hand hält.« Und so saß manchmal auch eine meiner Sprechstundenhilfen an seinem Bett. Es war mir wichtig, dass immerzu eine liebende, wärmende Hand unseren Sohn berührte.

Er starb, und das war wie ein Bogen, verstehen Sie? Er war vorher ja seit seiner Geburt sozusagen stückweise gestorben, über sieben Jahre hinweg. Und jetzt war er wirklich tot. Ich weiß noch genau, es war das Allerschrecklichste, denn wir hatten ihn abgöttisch geliebt.

Sie glauben nicht, wie das Herz gerade an so einem kranken Kind hängt. Auch Stefans. Das Einzige, was Julian hatte, waren sein Gehör und das ganze Emotionale. Ich habe nur mit ihm so gespürt, gefühlt, gekuschelt. Oder manchmal, wenn ich besonders traurig und verzweifelt war, hatte ich ihn auf dem Schoß, und er fing an, kleine Gesten zu machen und Folgendes auszudrücken: Mama, sei doch nicht so traurig, so schlimm ist es doch nicht. Er verstand nichts. Nichts! Ich erzähle hier von einem Kind, das noch nicht mal Mama sagen konnte. Aber er spürte sofort die Liebe und die Gefühle und versuchte dann, mich zu trösten. Das war zum Steinerweichen. Wir hatten ihn unendlich lieb. Sobald einer in der Nähe war, schnappten er oder sie sich gleich unser krankes Kind und liebkosten es auf dem Schoß.

Und dann war er tot, und es war schrecklich. Aber ich erinnere noch den Tag nach der Beerdigung, als ich mit einem Freund spazieren ging. Wir waren gar nicht besonders eng befreundet, aber da war einfach einer, der hier in der Nähe wohnte und sagte: »Komm, lass uns doch wenigstens mal ein paar Schritte an der frischen Luft gehen.« Ich fand das irgendwie tröstlich und wollte auch mal kurz frische Luft schnappen. Er sagte: »So, Andrea, und jetzt muss ich dir aber mal eines sagen: Jetzt ist der Junge tot, jetzt kannst du ihn nicht mehr pflegen. Aber jetzt ist es auch erlaubt, dass du weiterlebst und mit dir auch Constantin und Valentin, sodass ihr drei …«, von Stefan war da gar nicht die Rede, »… ihr drei auch mal in diesem Leben wieder zu eurem Recht kommt. Auch die kleinen Kinder, die immer zurückstecken mussten, und auch du. Über dir hing sieben Jahre so ein Trauerflor, eine Trauerwolke. Jetzt ist er tot, und jetzt dürft ihr weiterleben.«

Das haben wir dann auch in ziemlich schneller Zeit getan. Denn niemand hatte mich gefragt, niemand hatte auch im Grunde entschieden, dass dieses Kind so krank zur Welt kommt. Genau genommen hatte man dem Schicksal ins Handwerk gepfuscht, denn er wäre ja eigentlich tot gewesen. In den 60er-, 70er-Jahren wäre die Hebamme gekommen, hätte ihre Decke über das Kind geschlagen und hätte gesagt: »Frau Gunthert, es war nicht.« Aber keiner hatte uns gefragt. Und dass er dann doch bei all dieser Krankheit so plötzlich stirbt.

Ich wollte so schnell wie möglich wieder auf die Beine kommen, denn ich fand, das haben ja nun Constantin und Valentin gar nicht verdient: Erst haben sie eine aufgelöste Mutter, weil der Bruder krank war. Gut, daran konnte ich nur bedingt etwas ändern. Aber jetzt lebt der Bruder nicht mehr, und daran können wir nichts mehr ändern. Jetzt sind wir dran, die beiden Jungs, aber auch nicht zuletzt ich selber.

Ich habe seither einen anderen Blick auf das Leben. Früher dachte ich: Man kann alles erreichen, wenn man es nur will. Man kann an jeder Schraube drehen, an der man nur drehen will. Und man kann auch alles ändern, man muss nur richtig kämpfen oder die richtigen Dinge im richtigen Moment tun und darf sich nicht unterkriegen lassen. Gut, man muss auch tüchtig und klug an Dinge herangehen.

Diese Sicht der Dinge habe ich jetzt völlig abgelegt, denn du kannst nichts ändern. Alles, was du ändern kannst, sind absolute Nuancen. In so einem Moment sind die Würfel gefallen, und du kannst nur noch die Scherben auflesen und die rudimentärste Mängelverwaltung machen. Du kannst dich nicht gegen das Schicksal stemmen. Es geht einfach nicht.

Heute denke ich, egal, was passiert: Gott sei Dank, die Kinder sind gesund. Dann bin ich sofort über eine kleine störende Situation hinweg. Ich habe auch gelernt, den Moment als Glück zu genießen. Heute sind wir gesund, heute wird der Tag genossen. Das kann ich. Bedingungslos. Was ich auch daraus gelernt habe, ist: Die wesentlichen Dinge sind heute in Ordnung, und jetzt machen wir es uns heute richtig schön. Unwichtigen Ärgernissen gebe ich gar keinen Raum.

Da bin ich auch ganz anders als mein jetziger Lebens-partner. Er fragt eher: Wo steht geschrieben, dass der heu-tige Tag schön sein muss? Das wäre für mich der aller-größte Frevel, richtiggehender Frevel, wenn man gute Situationen als solche nicht wahrnimmt, nur weil eine Kleinigkeit nicht stimmt.

Ich hätte nie für möglich gehalten, dass ich nach so etwas Schrecklichem nochmal die Chance bekomme, dass das Leben wieder gut wird. Nachdem ich unendlich trau-rig war. Ich war so unglücklich, wie ein Mensch nur unglücklich sein kann. Unglücklicher geht es, glaube ich, nicht. Ich habe mir damals gar nicht vorstellen kön-nen, jemals wieder lächeln zu können, geschweige denn glücklich zu werden. Und trotzdem bin ich wieder rich-tig glücklich geworden. Weil die Dinge sich so entwickelt haben, alle miteinander. Weil man irgendwann auch ak-zeptiert, dass das ein furchtbar trauriges Kapitel ist, man aber die Chance hat, etwas zu finden, was es wert ist, auch wieder Freude daraus zu schöpfen. Dass ich das geschafft habe, das hätte ich nie gedacht. Die Gewissheit, dass Juli-an zeit seines Lebens immer schwerstbehindert gewesen wäre und sein lebenslanges Leiden vorprogrammiert war, wandelt seinen Tod in meinen Augen auch ein Stück weit zu einer Erlösung von seinem Schicksal. Das tröstet zwar eine Mutter nicht, aber es hilft mir doch, mit dem Verlust eines so kranken Menschen besser umgehen zu können.

Dabei hat mir auch unser furchtbar netter Freundes-kreis geholfen. Stefan hat immer gemutmaßt, Leute mit behindertem Kind werden gar nicht mehr eingeladen. Das hätte etwas Störendes. Ganz im Gegenteil: Wir wurden ganz besonders viel eingeladen. Es gab keinen Kaffeeklatsch mehr, bei dem man nicht sagte: Wollen wir bitte auch auf jeden Fall die arme Andrea mit ihrem Baby anrufen, dass sie sich irgendwie dazwischensetzt, dann können wir uns doch ein kleines bisschen auch um sie hier in der Mitte kümmern.

Es ist so wichtig, sich helfen zu lassen. Auch wenn man sich dazu zwingen muss. Denn viele Verstorbene waren ja vorher Kranke. Die Pflege lastet nach wie vor sehr auf den Schultern der Angehörigen. Pflege ist etwas ganz, ganz Zehrendes, körperlich sowieso, aber es belastet einen umso mehr, weil die psychische Belastung so ungeheuer ist. Deswegen macht Pflege die Angehörigen fertig. Daher sind Freunde und Bekannte so wichtig, die das übernehmen.

Unsere Freunde haben sich allergrößte Mühe gegeben, das war wunderbar. Und wenn auch mal nur die Nachbarin kam oder irgendeine Tante und sich eine Stunde hinsetzte. Man muss sich dazu zwingen rauszugehen, wegzugehen, Tapetenwechsel, einen Moment auf andere Gedanken kommen, irgendetwas machen, was einem guttut, egal, was es ist, Hauptsache, man kommt einen Moment raus aus so einer Situation. Und wenn man wieder reinkommt, hat man ein kleines bisschen mehr innere Ruhe und Gelassenheit, um dieses Elend wieder zu ertragen. Wenn man nur in seinen vier Wänden sitzt, wird man verrückt.

Es gab auch merkwürdige Anteilnahme. Nach dem Tod von Julian kam eine Dame auf mich zu, die eigentlich einen sehr netten Eindruck machte. Sie sagte, sie habe einen Kreis um sich versammelt, der Kontakt mit den Toten aufnimmt. Darauf habe sie sich spezialisiert. Wenn ich wollte, könnte sie mir ermöglichen, mit meinem toten Sohn Kontakt aufzunehmen, damit ich mit ihm immer mal wieder sprechen könnte.

Ich weiß noch, dass ich richtiggehend wütend wurde und mich über dieses Angebot ärgerte. Als Ärztin bin ich ja durch und durch naturwissenschaftlich geprägt. Für so etwas habe ich überhaupt keinen Sinn. Natürlich ist es für eine Mutter immer das Allerschönste, das erste Mal zu hören, wenn das Kind Mama sagt. Noch nicht einmal das hatte mein armes krankes Kind gekonnt, auch nur einmal Mama sagen, geschweige denn richtig mit mir sprechen. Ein Gedankenaustausch wäre mit einem Siebenjährigen sowieso nur begrenzt möglich gewesen, aber mir mit meinem nicht sprechenden Kind auch noch vorzuschlagen, ich könnte jetzt doch nach seinem Tod mit ihm sprechen, das war mir unerträglich.

Es ist immer da, Teil meiner Wahrnehmung. Es ist immer da. Ich habe neulich mit einer sehr netten jungen Dame zu Mittag gegessen, und ganz kurz kamen wir drauf. Sie schrieb mir danach, sie möchte sich entschuldigen, sie habe von anderen vorher gehört, ich hätte da etwas Schlimmes erlebt, aber sie habe nichts dazu gesagt, denn sie habe mich nicht daran erinnern wollen. Ich habe nur gedacht: Was heißt nicht erinnern wollen? Als ob man so was vergisst? Wie will eine Mutter ein Kind vergessen? Es ist immer da. Ich brauche das Foto, das da drüben steht, nicht, um mich zu erinnern. Es ist alles immer da.

So ein Unglück ist so omnipräsent, es ist nicht zu verdrängen, selbst wenn ich es versuchte. Und es gibt keinen Tag, an dem ich nicht daran denke. Es gibt seit damals keine Sekunde, in der diese Situation nicht präsent war. Für so ein Gespräch wie dieses hier, zehn Jahre danach, hätte ich dieses traurige Kapitel meines Lebens nochmal aufgeschlagen, dafür bedankten Sie sich.

Aber ich muss Ihnen sagen: Bei mir musste das Kapitel nicht aufgeschlagen werden. Es ist immer da.

Marianne Will

*Ratschläge lauten immer: Zeit heilt
die Wunden. Aber ich habe so viel
Zeit gar nicht mehr.*

Mein Mann und ich haben seit vielen Jahren ein Premierenabonnement für das Frankfurter Schauspiel. Seit er
nicht mehr da ist, habe ich natürlich den Platz freigegeben. Wir sind immer mit einer lieben Freundin zu dritt
hingegangen. Und dann ist beim ersten Mal ohne ihn der
Platz neben mir frei geblieben.

Eigentlich ist das Haus bei Premieren immer ausgebucht, aber wer weiß, warum ausgerechnet Richards
Platz neben mir frei blieb. Vom zweiten Teil des Stücks
habe ich überhaupt nichts mehr mitgekriegt. Dieser leere
Platz neben mir! Wenn da jemand gesessen hätte, gut, so
ist das Leben, aber dieser leere Platz. Ich hoffe nur, dass
bei der nächsten Premiere Richards Platz besetzt sein
wird, sonst muss ich meine Freundin bitten, sie möge
sich dort hinsetzen.

Mit der Trauer geht jeder ein bisschen anders um. Ich
bin auf der Flucht. Vor dem leeren Haus. Zu Hause habe
ich immer das Gefühl, ich müsste meinem Mann irgendwas sagen. Die einfachsten Sachen, die ich ihm während
der letzten 55 Jahre gesagt habe. Wir sind Eintracht-Anhänger, und wenn die Eintracht gespielt hat, muss ich

ihm das gleich erzählen. Oder irgendjemand ruft an und ist ein bisschen blöde, ein Handwerker oder so jemand. All dieses.

Mein Mann hatte Krebs. Mit Bluttransfusionen ging es ihm einigermaßen, bis zum Tag seines Todes. Am Morgen noch ging ich zu ihm, als ich hörte, dass er wach war, sagte ich: »Wie geht es dir? Wie hast du geschlafen?« Er antwortete: »Ausnahmsweise gut.«

»Was macht dein Kreislauf?«, fragte ich, und er erwiderte: »Ach, der geht eigentlich auch. Ich gehe jetzt duschen.«

Nach einer Weile dachte ich: Wo bleibt er denn?, und ging nach ihm schauen. Er lag regungslos auf dem Bett. Ich rüttelte ihn und sagte: »Jetzt musst du aber mal aufstehen.« Da war er tot.

Anfang März kam die Diagnose. Eigentlich ging es ihm gut. Er hatte aber überall rote Flecken am Körper. Unsere Tochter, die Ärztin ist, drängte ihn, eine Blutuntersuchung machen zu lassen. Ein paar Tage später kam die Diagnose: Knochenmarkkrebs. Erst hatten wir ein bisschen Hoffnung, dass er noch ein paar Jahre am Leben bleiben könne, weil so ein amerikanisches Wundermittel neu auf den Markt gekommen war. Dann hat sich aber herausgestellt, dass er das nicht verträgt. Es bestand die Gefahr von Gehirnblutungen. Wir haben immer noch gehofft, dass wir es mit Bluttransfusionen hinbekommen. Trotzdem wurde er immer schwächer. Und dann ist es halt passiert.

An seinem Bett habe ich gehorcht und seine Hände

angefasst. Es lag ein Wasserfilm über seinem Körper. Er war ein kräftiger Mann, und er fühlte sich noch warm an vom Duschen. Ich rüttelte besorgt an diesem Menschen rum, der da lag. Als ich merkte, er rührt sich nicht, bin ich auf die Straße gelaufen, zu einer Freundin, die 50 Meter entfernt wohnt. »Richard ist tot«, rief ich. Sie ging mit mir ins Haus zurück und blieb bei mir, bis meine Tochter kam.

Meine Tochter wohnt zwei Autostunden entfernt von uns. Das Ganze passierte an einem Samstagvormittag gegen zehn. Da ging erstmal keiner ans Telefon. Eigentlich will meine Tochter samstagvormittags ihre Ruhe haben, sie und ihr Mann sind unter der Woche in ihrem Beruf eingespannt, da braucht sie dann am Wochenende Zeit für sich und ihre Familie. Ich habe es über drei Handys und das Haustelefon versucht, bis ich endlich jemanden erreicht habe. Sie machte sich sofort auf den Weg.

Inzwischen hatte die Freundin den Notarzt angerufen. Immer wieder bin ich nach oben gelaufen und habe meinen Mann gerüttelt, weil ich es einfach nicht wahrhaben wollte. Der Arzt sagte zu mir: Es ist aber so. Er ist tot. Meine Freundin rief alle an. Und schon stand der Leichenbestatter vor der Tür. Das ist jetzt zweieinhalb Monate her. Seitdem habe ich dieses Zimmer nicht mehr betreten.

Nachdem mein toter Mann aus dem Haus getragen worden war, haben wir alles abgeschlossen, und ich habe das Haus sofort verlassen. Ich wollte da nicht mehr sein. Meine Tochter nahm mich mit zu sich, auch nach der Beerdigung. Dort war ich zwar auch alleine, weil sie und ihr Mann ja berufstätig sind, aber es kam überhaupt jemand, irgendwann. Und nicht wie zu Hause, wo keiner mehr kommt.

Wenn ich zurückblicke, denke ich: Ich konnte mich gar nicht in Ruhe von meinem Mann verabschieden, konnte gar nicht weinen. Ich war hektisch, ging immer wieder die Treppe rauf und runter. Ich wollte es einfach nicht wahrhaben.

Wissen Sie, was alle sagen? Welchen wunderbaren Tod er gehabt habe statt eines elenden, siechenden Sterbens. Aber ich kann darüber gar nicht erleichtert sein. Ich rüttele so an den Stäben und sage: Warum musste er diesen Krebs bekommen? Ich bin nur schlecht in der Lage, seinen schnellen Tod als guten Tod zu sehen. Gut für wen? Er wollte leben. Und ich als seine Frau war bereit, mit ihm seine Krankheit zu durchschreiten, ihn zu stützen und ihm seinen Schmerz erträglich zu machen.

Nach Richards Tod bin ich in ein dichtes Netz von Freundinnen und Freunden gefallen. In dieser Hinsicht geht es mir richtig gut. Wenn man lange irgendwo wohnt, ist das zwar ein bisschen langweilig, weil man wenig von der Welt sieht und keine neuen Eindrücke bekommt. Dafür kann man aus einem langjährigen Freundeskreis Kraft schöpfen.

Jeden Tag bietet mir irgendjemand an, ob er mich besuchen kommen kann oder ob ich irgendwohin mitkommen möchte. Mit dem einen bin ich an den Bodensee gefahren, der Nächste sagt, wir machen jetzt eine Fahrt nach Leipzig, oder wir fahren nach Kassel. Ich kann mich gar nicht beschweren. Gestern Abend war ich so erschlagen, dass ich gesagt habe, jetzt brauche ich mal eine Pause.

Ich habe mir erzählen lassen, wie unterschiedlich die Wege sind, wie Menschen einen solchen Verlust verkraften. Es gibt die, die trauern und sich vollkommen zurückziehen. Ich dagegen renne ganz viel raus. Vor zwei Wochen nahm mich meine Tochter auf eine berufliche Reise mit, inzwischen habe ich mich mit einer anderen Witwe angefreundet, die wiederum ganz andere Erfahrungen mit der Trauer um ihren Mann macht, und ich bekomme eben viele Angebote von Freunden, mit ihnen Zeit zu verbringen. Das ist das, was mich trägt. Ausflüge machen, zum Wandern gehen, irgendwohin reisen.

Ich kann nicht in Richards Zimmer gehen, kann nicht seine Kleidung, nicht seine Sachen berühren. Der Putzfrau habe ich gesagt, sie soll eine Decke über die Matratze legen, damit ich nicht in sein Zimmer gehen muss. Das kommt irgendwann. Ich habe neulich die Familie meiner Tochter gefragt, ob vielleicht einer von ihnen das Bett benutzen will, wenn sie bei uns schlafen. Das will aber auch keiner.

Und dann gibt es so scheinbar nebensächliche Dinge: dass ich noch nicht einmal Gulasch aus dem Gefrierschrank nehmen kann, auf dessen Tüte er »Gulasch.

15.3.2015« geschrieben hat, geschweige denn, dass ich das essen könnte. Ich konnte auch nicht sein Auto anfassen. Wir hatten einen ziemlich großen BMW. Acht Jahre lang bin ich nicht gefahren, es ist immer nur mein Mann gefahren. Und wenn er mal nicht fahren konnte, dann haben wir eben verschoben, was anstand.

Mit meinen 82 Jahren habe ich mir nun ein neues Auto gekauft. Ziemlich verrückt, oder? Erst hatte ich diese Theorie: Ich nehme das Geld, was ich noch für den BMW bekomme, rechne dieses und jenes drauf, Steuern und Versicherung, tue das in einen Topf, und das ist dann mein Taxi-Geld. Denn ich muss mich ja bewegen. Jetzt habe ich einen hübschen kleinen Opel Adam.

Ich bin ein bisschen unsicher, ob ich es richtig gemacht habe, ob ich nicht wirklich das Geld hätte nehmen sollen und damit Taxi fahren. Aber dann hat meine Tochter zu meinen Zweifeln gesagt: »Ach, wenn du nach ein, zwei Jahren das Auto nicht mehr willst, dann verkaufst du es eben wieder.« Ich habe noch mal ein paar Fahrstunden genommen und die Entscheidung ein bisschen von dem Urteil des Fahrlehrers abhängig gemacht. Wenn der gesagt hätte: »Das können Sie nicht mehr, lassen Sie das«, dann hätte ich es gelassen. Aber nach den Fahrstunden sagte der Lehrer: »Kaufen Sie sich doch noch mal ein Auto.« Da war ich ganz euphorisch.

Ich war lange Stadtverordnete für die FDP, mein Leben lang politisch interessiert. Wissen Sie, wenn ich jetzt etwas über Flüchtlinge lese, dann würde ich so gerne mit

meinem Mann darüber reden. Und jetzt muss ich mir
erst aussuchen, mit wem ich darüber reden kann. Ich will
nämlich keine undifferenzierten Meinungen hören, sonst
ärgere ich mich nur. Mit Richard habe ich mir gegenseitig etwas aus der Zeitung vorgelesen oder erzählt: »Hast
du das schon gelesen?«

Das ist es, was mir so fehlt. Dieses Vermissen hört so
schnell nicht auf. Meine Erkenntnis ist: man kann Freunden
und Bekannten eigentlich nicht mit seiner Trauer kommen, das geht einfach nicht. Denn alle haben schon Anteil
genommen, gesagt, wie schlimm das ist und wie sehr auch
sie ihn vermissen. Aber dann geht das Leben für sie weiter. Freunde wollen nicht, dass ich ihnen ständig im Ohr
hänge mit meinem Schmerz. Ich glaube, sie würden es
zwar dulden, aber sie würden sich zurückziehen. Vermutlich würden sie sich dann über kurz oder lang auch nicht
mehr um mich kümmern.

Ratschläge lauten immer: Zeit heilt die Wunden. Die Zeit.
Das wird schon in einem oder in zwei Jahren besser werden. Aber ich bin 82. Ich habe so viel Zeit gar nicht mehr.
Also, mich tröstet dieser Satz nicht. Ich weiß zwar, dass er
stimmt. Natürlich stimmt er. Aber tröstend ist das nicht.

Was ich bei meinen Freunden und Bekannten am po-
sitivsten empfinde, ist die Zeit, die sie mir schenken. Das
sage ich ihnen auch. Und mit meiner Tochter, meinem
Schwiegersohn und Enkel ist es auch so. Ich fühle mich
von ihnen getragen, ich bin dankbar für ihre Liebe. Mein
Schwiegersohn wollte in den letzten Ferien mit meinem

Enkel zum Surfen in die Türkei fahren, aber der sagte: »Ich gehe lieber zur Oma.« Das ist ein schönes Gefühl.

Meine Tochter, die sich sehr um mich kümmert, konstatierte einmal, ich ließe ihr keine Zeit für ihre eigene Trauer, ich überdecke sie mit meiner. Denn manchmal tut sich der Boden unter mir auf, und ich falle in die Dunkelheit. Und in einer solchen Phase rufe ich sie an. Ich sage zwar nicht, wie es mir geht, aber sie spürt es natürlich. Ich habe mir jetzt vorgenommen, das nicht mehr zu tun. Ich kann sie nicht bei all dem beruflichen Stress, den sie hat, auch noch belasten. Das muss ich dann schon mit mir selbst ausmachen.

In einer Trauergruppe zu sprechen, das bringt mir auch nichts. Diese Gruppen sind wie Frauengruppen oder Elternabende. Es wird immer nur über sich selbst oder über seine eigenen Kinder geredet. Ich habe mal so einen Frauenring gegründet, wir waren nach ein paar Jahren über zweihundert Frauen. Nach und nach gründeten wir kleine Arbeitsgruppen zu bestimmten Themen. Aber eigentlich redete jeder nur über sich selbst. Haben Sie das nicht auch schon erlebt?

Deswegen gehe ich in keine Trauergruppe. Ich habe das als negativ empfunden, wenn jeder nur von sich redet. Ich möchte mir nicht anhören, wie die anderen trauern. Jeder muss mit seiner Trauer und seinem Verlust auf seine Art und Weise fertigwerden.

Seit mein Mann gestorben ist, quäle ich mich auch mit der Entscheidung, ob ich irgendwann mal in ein Heim gehe oder mir eine Hilfe ins Haus hole. Schließlich kann das mit meiner geistigen und körperlichen Gesundheit von heute auf morgen vorbei sein, zumal in meinem Alter.

Diese Frage ist eben auch so eine Folge des Alleinseins. Mein Mann sagte immer: »Ich gehe nicht ins Heim.« Dann habe ich genickt und gesagt: »Gut, dann werden wir halt zu Hause alt.« Er hatte in dieser Frage eine Entscheidung getroffen, die ich jetzt für mich revidieren muss oder auch nicht. Ich muss auch meiner Tochter dazu einen Anhalt geben. Ich weiß es einfach noch nicht.

Gerade heute Morgen habe ich eine Freundin im Heim besucht, die so stark Parkinson hat, dass sie völlig durch den Wind ist. Sie lebt auf der Pflegestation und redet nicht mehr klar. Dann geht man in dieses Heim, das sehr, sehr schön ist, von den Anthroposophen, alle Pflegerinnen und Pfleger sind ganz warmherzig. Aber ist es das, wenn man selber krank ist? Ich bin natürlich oft in Heimen gewesen. Solange man noch im betreuten Wohnbereich lebt, geht das ja, aber als Pflegefall ist das nicht so schön.

Wovor ich auch noch ein bisschen Angst habe, ist: Wir sind ja Jahre und Jahre auf die Insel Föhr gefahren, dieser Ort war unsere große Liebe. Die Familie fährt jetzt Weihnachten und Silvester wieder dorthin. Noch im Mai waren wir mit Richard zusammen dort. Und nun das erste Mal ohne ihn nach Föhr zu fahren, und dann auch noch zu Weihnachten, davor habe ich Angst.

Das ist überhaupt sehr schwierig: Es gibt so viele erste Male alleine. An all den Orten, an denen wir 55 Jahre
lang gemeinsam waren. Das erste Mal im Theater ohne
ihn, das erste Mal in irgendeinem Lokal ohne ihn oder
wo auch immer. Allein.

Ich weiß noch, am Abend, ehe Richard gestorben ist,
ging es ihm besonders schlecht, er hatte stärkste Rückenschmerzen. Das Bindegewebe löste sich auf, es muss ihm
wahnsinnig wehgetan haben.

Er saß auf der Treppe im Haus und schaute auf den
Boden.

Ich fragte ihn: »Hast du Angst?«

Er sagte leise: »Ja.«

»Ich auch«, antwortete ich.

Die Erinnerung an diesen Moment gibt mir ein bisschen
Frieden. Wenn ich nicht an den Stäben rüttle, dass er überhaupt Krebs bekommen hat, sondern wenn ich akzeptiere, dass er diesen schweren Krebs und so viele Schmerzen
hatte, dann muss ich an diesen Moment denken.

Vielleicht hätte ich zu ihm noch mehr verbal von der
Liebe sprechen sollen. Manchmal wurde ihm mein He-
rumtutteln um ihn zu viel, aber ich habe meine Liebe
nicht in Worte gefasst. Das ist das, was mir heute leidtut.
Das hätte ich machen sollen. Und ich habe auch immer
gedacht, ach, er schafft das schon, da noch hin und dort
noch hin. Ich habe auch schon mal gesagt: »Jetzt machen
wir das trotz deiner Krankheit.«

Im Nachhinein tut es mir leid, dass ich ihn manchmal gedrängt habe. Er hatte starke Schmerztabletten bekommen, wollte gar nicht mehr essen gehen, hatte auch keinen Appetit mehr. Und ich gehe so gerne aus. So wurde auch ich schon mal ungeduldig: »Na ja, komm doch mit. Dann isst du halt nichts«, sagte ich.

Das würde ich heute nicht mehr sagen. Bis zwei Tage vor seinem Tod hatte er auch nie gejammert, hat mir nie gesagt, wie stark die Schmerzen sind. Deswegen habe ich das auch nicht so verinnerlicht. Ich bin mir sicher, er wollte mich nicht belasten.

Jetzt habe ich aber genug geredet. Wenn ich das mit meinen Freundinnen machen würde, hätte ich keine mehr.

Jasper Sörte

Ich war oft traurig, aber glücklich,
weil ich traurig sein konnte

Es war an einem heißen Sommernachmittag, bald nach
dem Mittagessen. Mein Bruder Manuel und ich waren
zu Hause, im ersten Stock oben in unseren Zimmern.
Ich glaube, die Mami hatte gesagt, draußen im Garten
wären die Kirschen zu pflücken. Entweder hatten wir
aber keine Lust, das zu tun, oder ich sollte für die Abschlussprüfung der Mittelschule lernen, weswegen ich im
Haus blieb. Denn hinter meinen Schularbeiten war meine Mutter immer sehr hinterher. Wir turnten also oben
ein bisschen herum.

Manuel und ich hatten auch immer wegen Kleinigkeiten zu streiten, wie halt üblich unter Geschwistern. Ich
weiß noch, dass ich nebenbei den Rettungswagen vor-
beifahren hörte und mir erst nichts dabei dachte, ich nur
kurz aus dem Fenster herunterschaute. Dann aber schoss
mir in den Kopf: Oje, ist dem Alexander was passiert? Er
schrie nämlich wie am Spieß unten im Garten. Alexander ist mein kleiner Bruder, er war damals zwei Jahre alt,
der jüngste von uns dreien, und ich bin der älteste.

Ich rannte die Treppe herunter, zur Tür hinaus. Schon
sah ich die Nachbarn im Garten herumstehen und die

Mama drüben auf der Wiese liegen, ein Stück entfernt vom Kirschbaum. Also nicht da, wo sie heruntergefallen war. Wahrscheinlich haben die Rettungshelfer sie etwas weggetragen. Ich lief sofort zu ihr rüber. Der Notarzt kniete neben ihr. Dann sah ich, dass sie leblos war. In diesem Moment stülpte sich eine Art Filter über mich, oder viele Filter, besser gesagt. Ich habe nichts mehr bewusst wahrgenommen oder getan. Wenn so etwas passiert, wird man irgendwie von Schock-Hormonen gesteuert. Fassungslos ist man einfach.

Ich bin zum Haus gerannt, zur Mauer, und habe einfach auf dem Boden gesessen. Die Polizei kam, fragte mich irgendetwas. Ich antwortete irgendetwas. Ansonsten war ich nur wie weggetreten.

Die Ärzte haben die längste Weile noch versucht, Mami zu reanimieren. Aber als ich hingelaufen bin und sie gesehen habe, war schon gar kein Ausdruck mehr da, von ihr ging kein Lebenszeichen mehr aus. Sie war sofort tot, haben sie danach gesagt, weil sie mit dem Hinterkopf auf ein kleines Mäuerchen draufgefallen ist, das sich hinter dem Kirschbaum entlangzog. Es war auch ein bisschen Blut in ihrem Gesicht.

Dann ist der Papa gekommen, der erst aus der Stadt rauffahren musste, weil er dort arbeitete. Wahrscheinlich haben ihn die Nachbarn informiert. Er war natürlich auch unter Schock. Ich erinnere die vielen Verwandten und Nachbarn, die gekommen waren. Irgendwann gingen wir ins Haus. Vom Notarzt wurde uns mitgeteilt, dass mit der Reanimation aufgehört wurde, der Tod meiner Mutter sei jetzt eingetreten. Als es dann Gewissheit wurde. Davor hatten wir immer noch ein ganz kleines bisschen gehofft.

Ein Nachbar hatte eine gute Idee. Wenn ich jetzt darüber nachdenke, war es schon fantastisch, in so einer Situation so würdevoll reagiert zu haben. Zusammen mit anderen legte er die Mami auf ein großes weißes Leinentuch, und sie trugen sie ins Wohnzimmer auf das Sofa. Zusammen mit den Nachbarn haben wir aus dem Garten alle Blumen gepflückt, die wir finden konnten. Wir legten die vielen bunten Blüten um Mami herum auf das weiße Tuch auf dem Sofa. Der Nachbar sagte, wenn die Leute sterben, sei die Seele noch eine Weile da. Wir könnten jetzt noch mit ihr reden. Jeder für sich sind wir dann noch einmal zu ihr gegangen. Ich habe meine Mama berührt und mich von ihr verabschiedet. Das war sehr schön. Ich schätze es hoch, dass ich noch eine Weile mit ihr im Wohnzimmer gewesen sein konnte. Dieser Moment hat mich getröstet. Und auch zu merken, dass es Leute gibt, denen so etwas einfällt in dieser Situation.

Die Tage danach sind in meiner Erinnerung verschwommen. Ich war traurig, aber auch abgelenkt, weil das Haus die ganze Zeit voll war. Meine Oma kam mit meinen Onkeln, die Beerdigung wurde organisiert, Geschäftigkeit lag in der Luft. Nachts war ich sehr müde. Ich kann mich nicht erinnern, dass ich mich in den Schlaf geweint hätte, ich glaube, dafür war ich auch einfach zu erschöpft. Die Tante gab uns Beruhigungstropfen, natürliche, pflanzliche. Die Leute sind halt einfach da gewesen und haben versucht, so gut es ging auf uns zu schauen. Nach Mamas Tod wurde ich auf einmal von allen mit Samthandschuhen angefasst. Es kamen so viele Leute zu uns, immer wieder, und irgendwie hat mich das auch verlegen gemacht.

Ich hatte nur noch eine Woche Schule bis zur Abschlussprüfung und den langen Sommerferien. Danach kam ich aufs Gymnasium. Somit war es auch vom Schulischen her eine Zeit, in der etwas endete und etwas Neues anfing. Ich war dreizehn Jahre alt und wechselte von der Mittelschule auf die Oberschule, wechselte damit auch die Stadt und den Freundeskreis. Die Mami hatte sich immer Sorgen um meine Abschlussprüfung gemacht, schon in den letzten Monaten, bevor sie starb. Ich hatte nie so richtig Lust zum Lernen gehabt, und wir hatten uns deswegen auch öfters gestritten. Ich war aber trotzdem immer gut in der Schule, und natürlich habe ich dann mit »ausgezeichnet« abgeschlossen als Bester der Klasse.

Bestimmt hätte der Mami der Sommerurlaub gefallen, den wir einige Zeit vorher schon gebucht hatten. In einem Club in Kroatien. Es war das erste Mal, dass wir im Sommer ein bisschen weiter wegfahren wollten und etwas Spannendes vorhatten. Die Urlaube davor verbrachten wir meist in Italien oder beim Camping. Es wurde ein fröhlicher Männerurlaub zu viert. Befreundete Familien waren auch gekommen, wir fuhren Wasserski und machten Bootsausflüge. Der Verlust meiner Mutter war in dieser Zeit relativ weit weg, der räumliche Wechsel tat gut. Und als ich aus Kroatien zurückkam, waren wir mit Freunden im Schwimmbad und haben viel unternommen. Die Mädels hatten alle so schön viel Mitleid mit mir. Auf irgendeine Weise, ich weiß nicht, wie ich es formulieren soll, war es auch lustig. Ich wurde von allen umhegt und konnte mir viel leisten, was mein Verhalten anderen gegenüber anbelangte. Fast wie ein Bonus, den ich in dieser Zeit ausgeschöpft habe.

Mein Vater musste schauen, wie er den ganzen Alltag am Laufen hielt. Es kamen Fräuleins, zwei oder drei nacheinander, die gekocht haben und sich um Alexander kümmerten, während mein Vater arbeitete und wir zur Schule gingen. Auch meine Oma war in den nächsten Monaten oft bei uns und half. Später erzählte mein Vater uns, dass er noch im selben Sommer zu einem Psychologen gegangen war, weil er merkte: alleine geht es für ihn nicht.

Ein Jahr nach Mamis Tod lernte Papa dann seine neue Frau kennen, Gerlinde. Sie hat ihn und unseren Alltag stabilisiert, brachte ihre Tochter Judith mit in die Familie, und wir bekamen noch eine kleine Halbschwester dazu, ihr gemeinsames Kind. Obwohl Papa und Gerlinde versucht haben, alles richtig zu machen, hatte ich von dieser Zeit an allerdings nicht mehr das Gefühl, ein richtiges Zuhause zu haben. In den Jahren danach bin ich vor allem in der Adventszeit traurig geworden, weil ich mich an die schönen Momente der früheren Vorweihnachtszeiten erinnert habe. Daran, wie familiär es damals war. Ich dachte zurück an das Basteln von Strohsternen und sonstiger Weihnachtsdekoration, an das Keksebacken, an das gelbliche Schimmerlicht der Kerzen. In den

Dezemberwochen habe ich immer eine brutale Sehnsucht bekommen, keine verzweifelte, aber ich habe jedes Mal eine riesengroße Trauer in mir gespürt.

Wir haben zwar schon ab und an über die Situation gesprochen, auch über Mami, aber es hat sich für mich nicht ganz echt angefühlt. Und das war dann bei allem so, der ganze Alltag und das Familienleben nachher waren in meinen Augen geprägt davon, dass ich den Eindruck hatte: Sie meinen es gut und wollen das Beste, aber sobald nicht alles so läuft, wie die beiden sich das vorgestellt haben, fällt das Kartenhaus zusammen, und alles gerät aus dem Gleichgewicht. Die kleinste Kleinigkeit, die nicht so war, wie sie sein sollte, schien das ganze fragile Konstrukt sehr schnell ins Wanken zu bringen. Und das war für mich, und ich glaube, auch für meine Brüder, schon belastend, weil es einerseits schöne Momente gab, aber immer diese Spannung da war: Sag ja nichts Falsches. Ich hatte keinen sicheren Boden mehr unter den Füßen. Dieses Gefühl betraf nichts Offensichtliches, wogegen ich hätte rebellieren können, ganz oft war ich derselben Meinung wie sie. Aber trotzdem hat in meiner Wahrnehmung irgendetwas nicht gepasst.

Bei der Mama wusste ich, mit ihr hätte ich handfest streiten können. Ich hätte auf Konfrontation gehen können, gerade im Jugendalter, und hätte nach zwei Tagen, während der jeder geschmollt hätte, es wieder richten können. Es wäre wieder herzlich geworden. Die Natürlichkeit und die natürliche Impulsivität, die man mit der leiblichen Mutter hat, die hat für mich in unserem neuen Familiengefüge komplett gefehlt.

Über all das denke ich heute mit 29 Jahren nach. Seit Mamis Tod sind 13 Jahre vergangen, und schon seit einiger Zeit verspürte ich das Bedürfnis, mich doch noch einmal intensiver mit dem Verlust meiner Mutter zu beschäftigen. Dann habe ich im Internet gestöbert und in der ZEIT einen Artikel gefunden, in dem es um Trauer geht und darum, wie verschiedene Leute damit umgehen. Es wird ein Vater porträtiert, er hatte zwei kleine Töchterchen, die Frau starb an Krebs. Sie konnten sich verabschieden. Der junge Vater sagte, er habe gleich gemerkt, wie schwer es für ihn sei, mit dem Verlust alleine umzugehen. Daraufhin habe er seine zwei Töchter gepackt und zusammen mit ihnen Trauerseminare besucht.

Als ich das gelesen habe, ist mir aufgefallen: Genau das war es. Der Papi hat es schon richtig gemacht, zum Psychologen zu gehen, und hat sicher auch gedacht, wenn er auf sich schaut, dann profitieren auch wir Kinder von einem Vater, der stabil ist. Aber in meinen Augen hat er eben nur an die Hälfte gedacht. Er hätte uns mitnehmen müssen in diesem Trauerprozess.

Papa und Gerlinde beschäftigten sich sehr viel mit Lebensfragen. Sie sind in Zweisamkeit ihren Weg gegangen, haben oft Seminare besucht und sich untereinander viel ausgetauscht. Aber auf ihrem ganzen Weg, so beschäftigt, wie sie miteinander waren, haben sie wohl uns Kinder irgendwann verloren. Sie dachten, sie führten ein bewusstes

Leben, weil sie sich bewusst mit ihren Problemen auseinandersetzten, aber sie schauten bei ihrer Alltagsgestaltung und ihrem Mit-sich-selbst-Befassen meiner Meinung nach nicht nach ihren Kindern. Sie vergaßen, uns zu fragen, wie es uns denn eigentlich geht oder wie wir uns unsere neue Familie vorstellen würden. Sie wollten das Beste für uns, und das habe ich auch gespürt. Und gerade deswegen war es auch so schwierig, Konflikte auszutragen. Ich konnte ihnen nicht böse sein, denn ich wusste, wie sehr sie sich anstrengten. Und doch habe ich gemerkt, dass irgendetwas falsch läuft oder faul ist und ich einfach nicht an das Wesentliche rankomme. Wenn man mal etwas Kritisches sagte, haben Papi und Gerlinde abweisend reagiert. Das war das Muster. Und das ist mir, als ich den Artikel gelesen habe und mir das bewusst wurde, wie Schuppen von den Augen gefallen. Das von Papi war schon richtig, aber halt für mich nur halb richtig.

Vor drei Jahren saßen mein kleiner Bruder Alexander und ich zusammen in unserem Garten. Als Zweijähriger fand er all die Jahre zuvor unsere Mutter tot unter dem Kirschbaum. Jetzt war er fast erwachsen. Wie aus heiterem Himmel fragte er mich: »Wie war denn eigentlich die Mami so?« Und ich wusste nicht, was sagen. Ich konnte ihm nicht … Ich habe gelacht und konnte ihm nicht einen Satz sagen, mit dem ich ihm die Mami als Mensch hätte beschreiben können. Seine Frage hatte mir die Wörter, ja die Sprache verschlagen. Das hat mich sehr traurig gemacht. Ich dachte mir: Wie gibt's denn das? Wie

kann es sein, dass ich meinem Bruder keine Antwort geben kann auf die Frage, wie unsere Mutter war? Natürlich hätte ich ihm ein paar schöne Momente und Erinnerungen aufzählen können. Aber das war ja nicht sie.

Als Alexander und ich vor Kurzem wieder über Mami
geredet haben, konnte ich ihm dieses Mal sehr viel über sie
sagen. Weil ich mir inzwischen selber über viele Dinge klar
geworden bin und mich an unzählige Situationen erinnert habe. Jetzt konnte ich Alexander, der die Liebe seiner
Mutter nie bewusst hat spüren können, ein viel ehrlicheres
Bild von ihr vermitteln. Und es war sicher nicht das letzte Mal, dass wir über sie geredet haben. »Bitte, bitte reden
wir darüber. Bei uns wird nie über solche Sachen geredet«,
sagte Alexander. Ich bemerkte, wie groß auch bei ihm die
Sehnsucht danach ist, über Familiensachen zu reden. Und
wie sehr es uns allen in den letzten zehn Jahren gefehlt hat.

Wir haben in Wirklichkeit immer sehr viel gestritten,
meine Mami und ich. Sie war streng, und wenn sie sich
irgendetwas in den Kopf gesetzt hatte, musste es auch
genau so passieren. Ich hingegen war total aufgeweckt,
störrisch, in der Schule immer ungehalten, auch gegenüber den anderen Kindern. So sind wir dann wirklich oft
richtig hart aneinandergeraten. Interessanterweise habe
ich mich daran erst im letzten Jahr wieder erinnert. Zuvor war die einzige Erinnerung an meine Mutter immer diese Sehnsucht nach den schönen Momenten, weil
nur diese mir eingefallen waren. Das Herzliche, das sich
natürlich auch eingebrannt hat. Sie war in ihren guten

Momenten so unglaublich herzlich und hat so viel Wärme vermitteln können wie keine zweite Mutter. Das hat dann eine gewisse Balance ergeben.

Als sie gestorben ist, war diese Beziehung von einem Tag auf den anderen weg. Vollkommen verschwunden! Ich habe immer gewusst, dass wir es sicher nicht leicht gehabt und noch viel gestritten hätten, aber was eben noch dazukam in den letzten Jahren, was mich dann auch noch trauriger machte: dass ich, je älter ich wurde und je mehr ich über mich selber verstanden habe, je mehr ich reflektiert habe über unsere ganze Familie, umso mehr habe ich auch die Mami verstanden, und umso mehr ist mir bewusst geworden, wie gut wir uns mit jedem Jahr besser verstanden hätten, weil wir gegenseitig ein immer besseres Verständnis voneinander gehabt hätten. In den letzten Jahren habe ich gemerkt: Wir wären fast ein Herz und eine Seele, weil wir uns von der Art her auch so ähnlich sind. Deswegen vermisse ich sie heute mehr als direkt in den Jahren, nachdem sie gestorben war.

Damals war ich traurig, habe aber nie gehadert mit ihrem Tod. Ich hatte auch nie Schuldgefühle oder mir gedacht: Ach, hätte *ich* nur damals die Kirschen gepflückt. Derartige Gedanken kamen mir nie. Im Jahr danach dachte ich mir sogar: Momentan ist es sicher viel leichter ohne sie. Denn mein Papi hat mich einfach gehen lassen. Ich hatte große Freiräume, vor allem im Vergleich zu Freunden. Ich bekam ein Moped. Ich durfte viele Freunde ins Haus einladen, bekam Taschengeld. Es gab sehr unbeschwerte und lockere Momente, ich fühlte mich frei.

Mein Vater wusste, dass ich sein Vertrauen nicht missbrauchen würde. Das habe ich sehr geschätzt. Und ich wusste: Mit der Mami wäre es viel, viel schwerer und härter. Sie würde Regeln aufstellen, und ich müsste herumstreiten. Es wäre nicht nur schön gewesen, wenn sie noch da wäre.

Je älter ich aber werde, desto trauriger werde ich darüber, dass ich meine Mutter nicht mehr habe. Als ich die erste Freundin hatte und an Mamis Grab stand, sprach ich mit ihr: Mein Gott, wie gerne würde ich sie dir vorstellen. Wir könnten zusammen zu dir heimkommen. Und ich wüsste genau, du würdest gut mit ihr auskommen. Und ich könnte dann gehen, und ihr würdet euch in der Küche unterhalten und hättet euren Spaß.

Meinem Vater habe ich vorgeschlagen, dass wir alle zusammen vielleicht ein Trauerseminar besuchen, wir vier Männer. Denn wir vier hatten eigentlich nie die Möglichkeit, uns mit dem Verlust unserer Mutter und Ehefrau auseinanderzusetzen. Dafür gab es dann gar keinen Raum mehr. Das ganze Familiensystem hatte sich verändert. Glücklicherweise hat sich mein Vater dieser Idee aufgeschlossen gegenüber gezeigt, und ich denke, dass wir das demnächst auch einmal machen werden.

Was wichtig ist, glaube ich: sich nach einem solchen Verlust relativ bald mit dem Tod zu beschäftigen und sich nicht zu verkriechen. Sondern irgendwo hinzugehen, wo Menschen sind, die schon Erfahrung mit dem Tod haben. Wir hatten zwar lauter nette Verwandte, die sehr einfühlsam waren, aber für sie war es auch das erste Mal, und sie konnten eben auch nicht wissen, wie es Kindern in solch einer Situation wirklich geht. Sie wissen auch nicht, welche Fragen sie stellen könnten, um vielleicht den Kindern das Reden zu erleichtern.

Mein Vater und Gerlinde haben uns irgendwann eine Telefonnummer in die Hand gedrückt und gesagt, dort gäbe es eine Art Trauergruppe: »Ruft da mal an.« Das haben wir als Jugendliche natürlich nicht gemacht, denn mit 15 ruft man nicht an und geht zu einer Trauergruppe oder ähnlichen Veranstaltungen. Mein Vater und seine neue Frau dachten vielleicht, damit wäre es getan. Aber damit ist es eben nicht getan als Eltern. Vielleicht dachten sie auch, wenn sie dort für uns anriefen, würden sie uns zu sehr bemuttern oder bevatern, aber mit dieser Zurückhaltung tut man den Kindern keinen Gefallen. Lieber ein bisschen zu viel bemuttern als zu wenig.

Mitzuerleben, wie meine Mama so plötzlich mitten im Leben, von einem Moment auf den anderen, in so jungem Alter aus dem Leben verschwand, hinterließ eine dumpfe Unsicherheit.

In meinen Jugend- und frühen Erwachsenenjahren spürte ich daher in mir eine immer wiederkehrende tiefe Traurigkeit. Nun finde ich Traurigkeit an sich ein stark unterschätztes Gefühl. Natürlich möchte man nicht traurig sein und setzt es dann recht schnell mit Unglück gleich. Aber das ist es nicht. Ich war oft traurig, aber glücklich, weil ich traurig sein konnte. Gerade bei Männern: Wenn Entscheidungsträger oder Staats- und Wirtschaftsmänner sich zwischendurch eingestehen könnten, traurig zu sein oder diese in Anführungsstrichen schwachen Gefühle zu haben. Sie müssten sie nicht mal zeigen, aber sich ihre Traurigkeit bewusst machen und zulassen. Dann würden sie merken, dass darin eine große Kraft liegt. Sich selbst diese Gefühle zuzugestehen bringt eine tief empfundene innere Freiheit und Stärke mit sich.

Mit der Traurigkeit komme ich auch zur Menschlichkeit. Die Menschlichkeit fehlt heute an allen Ecken und Enden. Traurigkeit hat auch viel mit Einfühlungsvermögen zu tun. Denn erst, wenn ich selbst traurig sein kann, kann ich sehen, dass es jemand anderem auch nicht gutgeht. Und dann kann ich Mitgefühl haben – was nicht mit Mitleid zu verwechseln ist. Aber dann verstehe ich viele Sachen. Dann brauche ich mir nicht einmal zu überlegen, welcher Mensch ich sein will oder wie ich mich anderen Menschen gegenüber verhalte. Ich begegne ihnen mit einer natürlichen, innerlichen Achtsamkeit, nicht mehr nur mit einer rein verstandesmäßig reflektierten. Davon ist so viel verlorengegangen. Wir sind teilweise schon sehr reflektierte Menschen, aber den Zugang zu unseren Gefühlen oder zu diesem inneren Band, das uns verbindet, haben wir vielfach verloren. Wenn man das wiederfindet, kriegt man eine ganz intuitive achtsame und mitmenschliche Art, sich zu verhalten und auch seine Arbeit zu machen. Ich denke, das wirkt sich in allen Lebensbercichen aus. Menschen gehen dann anders mit ihren Mitmenschen um, auf allen Ebenen.

Ich selbst habe viel gelernt aus dem Umgang mit meinen persönlichen Gefühlen, mit meiner persönlichen Traurigkeit. Angesicht dieser lähmenden inneren Unruhe, dieses immer wieder erlebten Leidensdrucks und unzähliger erfolgloser Versuche, diese Seelenschmerzen zu verdrängen und mich auf das pflichtgetreue Abhaken der üblichen Lebensstationen zu konzentrieren, traf ich die Entscheidung, den Dingen auf den Grund zu gehen.

Denn es kann so verdammt schnell vorbei sein. Da wollte ich nicht betäubt und wie hinter einem Schleier durch das Leben gehen. Ich wollte mich selbst und das Leben besser verstehen. Dafür braucht es Stille, Mut, Geduld und Bemühen. Die Stille kann manchmal beängstigend erscheinen. Aber die Schmerzen auszuhalten, die mir auf diesem Weg begegneten, eröffnete mir ein ganz neues, viel intensiveres Kennenlernen von mir selbst. Und die Mühe lohnt. Ich habe verschüttete Seiten von mir wiederentdeckt und fand mein inneres Feuer. Seitdem verspüre ich eine lebendige Spontaneität, die mich leitet. Eine Feinfühligkeit, die mich anders »sehen« und wahrnehmen lässt. Eine begeisterte Wildheit, die mich an das unbeschwerte Herumtollen in der Kindheit erinnert.

Durch die Zuwendung zu meiner schmerzenden Traurigkeit hab ich mir meine Lebendigkeit zurückerkämpft.

Ich bin sehr dankbar für dieses erleichterte Gefühl, nun endlich in meinem eigenen Leben angekommen zu sein. Das ist wohl, was man mit »sich selbst gefunden haben« beschreiben könnte.

Karoline Obermann

Ich habe das Meiste von dem erlebt, was überhaupt zu erleben möglich ist

Ich habe nach Michaels Tod viele Bilder angeschaut, schon in der ersten Nacht. Auch nach dem Tod unserer Tochter Anna, die ein halbes Jahr nach ihm starb. Das war wie ein Zwang. Ich habe alle elektronischen Dateien durchgesehen und viele Fotos bestellt, von beiden auch viele Fotos verteilt an nahestehende Menschen, die etwas haben wollten, so kleine Sets zusammengestellt, die ich dann weitergegeben habe. Und für mich habe ich auch ganz viele bestellt und mir diese Bilder dann sehr intensiv angeguckt.

Im Laufe der Jahre ist das aber schwieriger geworden. Ich tue mich jetzt schwerer damit, mich auf die Bilder einzulassen. Ihr Sterbejahr ist jetzt sieben Jahre her, und ich bin zwar insgesamt ein wenig stabiler, aber die Fotos können mich heute schwer runterziehen, schwer packen. An manchen Tagen denke ich, eigentlich könnte ich mich jetzt mal wieder in Ruhe hinsetzen und ein paar Fotos von meinem Mann und unserer Tochter angucken – aber dann laufe ich geradezu weg von den Bildern. Denn ich weiß, dass es mich dann wieder ganz tief reinzieht in ihr Leben, in unser Leben, das es nicht mehr gibt.

Zu Weihnachten hatte mir Michael einen wunderschönen Brief geschrieben. »Das war unser Jahr« stand da drin. Und dass er so glücklich ist über unser Kind. Denn wir hatten uns schon lange eins gewünscht. Wir waren über zehn Jahre zusammen, als er starb. Und wir hatten es viele Jahre weit weggeschoben und uns gar nicht mehr eingestanden, dass wir eigentlich einen Kinderwunsch hatten.

Dann wurde ich irgendwann zufällig schwanger, habe dieses Kind aber verloren nach etwa sechs Wochen. Der Verlust dieses ungeplanten Kindes hat bei uns beiden alles gedreht. Wir waren beide so traurig darüber, dass das nicht geklappt hatte, dass wir von da an alles drangesetzt haben, doch ein Kind zu bekommen. Das war dann Anna, die drei Jahre später geboren wurde. Das war so ein wunderschönes Geschenk. Die Zeit der Schwangerschaft und auch die kurze Zeit, die wir zu dritt hatten, war das Schönste, was wir zusammen erlebt haben.

Michael schrieb in seinem Weihnachtsbrief auch, dass er sich ein zweites Kind mit mir wünschen würde und dass er sich so freuen würde auf unsere Expansion als Familie. Wir suchten auch seit Längerem schon nach einem Haus, das wir kaufen wollten. Am Neujahrstag, einen Tag bevor er starb, waren wir faul und haben nichts Besonderes gemacht. Eigentlich hatten wir vor, spazieren zu gehen, an dem Haus vorbei, das wir kaufen wollten, um die Umgebung ein wenig zu erkunden. Es war herrlich verschneit draußen. Dann gingen wir aber doch nicht raus, weil Michael in der Silvesternacht zu lange auf war und zu müde, um am nächsten Tag spazieren zu gehen.

Am Silvesterabend waren wir zu Hause mit unserem Baby. Früher sind wir immer auf irgendwelche Partys gegangen an Silvester, aber in diesem Jahr waren wir zu dritt zu Hause mit unserer Anna, die gerade ein paar Monate alt war. Um zwölf ist Michael runter auf die Straße gegangen und hat ein bisschen rumgeballert. Ich stand mit dem Babyfon auf dem Balkon, und wir wünschten uns ein frohes Neues Jahr. Nichts fehlte unserem Glück.

Den Spaziergang verlegten wir dann um einen Tag. Eigentlich wollten wir am späten Vormittag los, aber Michael kam nicht aus dem Bett. Ich war natürlich schon wieder seit vielen Stunden wach, weil das Kind mich geweckt hatte. Und ich war auch ein bisschen böse, weil er mich so lange allein ließ und im Bett lag. Dann bin ich irgendwann zu ihm gegangen, habe ihn geweckt und gesagt: »Eigentlich hatten wir doch eine Verabredung. Wir wollten doch los.« Er bat mich, noch ein bisschen liegen bleiben zu dürfen, es sei ihm gestern Abend so schlechtgegangen. So habe ich ihn noch ein bisschen schlafen lassen.

Eine Stunde später turnte er frisch durch die Wohnung, und als ich ihn fragte, warum es ihm am Vorabend schlechtgegangen war, wollte er es mir nicht sagen. Irgendwann wurde ich ärgerlich und dachte: Was ist das denn? Ich habe fünfmal gefragt, und er hat fünfmal gesagt: »Nein, ich sage es dir nicht, sonst machst du dir Sorgen.«

Aufgeregt sagte ich: »Und so mache ich mir jetzt keine Sorgen? Was denkst du eigentlich?« Ich war ärgerlich und fragte nicht weiter – leider. Später hat mir der Rückblick auf diese Szene unglaublich wehgetan. Vielleicht war das eine verpasste Chance.

Der Ärger war dann aber schnell verflogen, und wir sind zu einem wunderschönen Spaziergang aufgebrochen. Es war eine ganz unberührte Winterlandschaft, durch die wir spaziert sind. Unvorstellbar, dass er am selben Tag sterben sollte. Michael machte Scherze. Er hatte irgendwo in der Nähe des Hauses, das wir angeschaut hatten, Nachbarn draußen gesehen, die Schnee fegten. »Die musst du demnächst immer nett grüßen, damit wir hier eine gute Beziehung in der Nachbarschaft haben.« Die Stimmung war spaßig und leicht. Als es dunkel wurde, haben wir kurz etwas gegessen, waren gut gelaunt und voller Neujahrspläne. Alles ohne den Anflug eines Verdachts.

Wir fuhren nach Hause und parkten irgendwo. Michael holte Anna aus dem Auto, trug sie im Maxi-Cosi die Treppe hoch, schloss die Wohnungstür auf und verschwand sofort in der Küche. Während er aufschloss, hörte ich ein Husten. Eigentlich ein heftiges Husten. Aber ich habe mir keine Gedanken gemacht, weil er als Raucher manchmal einfach so einen Husten hatte.

Tatsächlich ging es da aber los. Da hatte er schon das erste Blut gehustet und ging schnell in die Küche, um sich dort über den Spülstein zu stellen. Ich habe dann später auch im Maxi-Cosi von Anna noch ein bisschen Blut gefunden. Er hatte sie im Flur abgestellt. Ich habe noch völlig entspannt meinen Mantel ausgezogen, hatte nicht den Hauch eines Verdachts. Ich stand an der Garderobe, als irgendwann eine etwas röchelnde Stimme aus der Küche kam: »Karoline!« Als ich in die Küche kam, schoss schon das Blut fontänenartig aus ihm heraus. Ich schrie.

Der letzte Satz, den er überhaupt noch sprechen konnte, war: »Ruf die Feuerwehr.« Das habe ich panisch auch gemacht und bin noch, während ich das Telefon am Ohr hatte, zur Nachbarschaft auf meiner Etage gelaufen, habe überall geklopft und Hilfe gerufen. Eine Nachbarin kam auch, und die habe ich dann gebeten, sich um das Kind zu kümmern.

Als ich mit dem Telefonat fertig war, bin ich zu Michael gegangen. Da hatte er schon den Gedanken aufgegeben, über dem Spülstein zu stehen. Er stand vor mir in der Küche. Schlimme Bilder. Ganz, ganz grässliche Bilder. Wirklich fontänenartig schoss das Blut aus seinem Hals heraus. Er stand noch, konnte aber nicht mehr sprechen. Da habe ich ihn gebeten, sich hinzusetzen. Ich habe immer noch nicht gedacht … also, das ist eigentlich absurd, aber solange ein Mensch noch lebt, denkst du nicht, er stirbt. Du denkst nur an das, was du tun musst. Dann habe ich gesagt, er soll sich hinsetzen, damit er mir nicht umkippt, und solche albernen Dinge. Ich habe die ganze Zeit bei ihm gesessen. Irgendwann kniete er dann. Ich habe gesagt: »Versuch zu atmen.« Ich weiß nicht, ob er mich da noch hören konnte. Gesagt hat er nichts mehr. Er stützte sich so ab, mit dem Kopf nach unten. Ich konnte auch sein Gesicht nicht mehr sehen. Ich habe ihn an den Schultern gehalten. Irgendwann war die Kraft weg, und dann kippte er um.

Die Feuerwehr kam nahezu unmittelbar danach. Mir war aber nicht klar, dass es da schon aussichtslos war. Bei einer gerissenen Aorta macht auch eine Feuerwehr nichts mehr. Ich wusste aber nicht, was passiert war. Ich habe immer noch gedacht, die könnten noch etwas machen. Die haben mich dann natürlich erst mal weggeschickt. Das Erste, was ich machen musste, war, Decken zu holen aus dem Wohnzimmer und den Feuerwehrleuten hinzulegen, weil in der Küche mittlerweile ein Blutsee war, auf dem sie sonst ausgerutscht wären.

Nachdem ich die Decken geworfen hatte, haben die sofort mit der Reanimation begonnen. Das hat eine Weile gedauert. Die haben eine ganze Menge versucht. Aber natürlich, und so hat es die Ärztin nachher auch gesagt, ist es ihnen nicht mehr gelungen, den Kreislauf wieder hinzukriegen. Währenddessen saß ich im Wohnzimmer mit dem Kind und der Nachbarin, die dageblieben war.

Ich stand unter Schock. Total unter Schock. Ich begriff nicht vollkommen, was geschah. Ich fühlte nur: Wie gut, dass die jetzt da sind, dass die jetzt was tun. Ich war auch überzeugt, dass sie meinen Mann gleich mitnehmen, ins Krankenhaus fahren und wir vielleicht mitfahren, Anna und ich, gleichzeitig war da die Panik, dass er stirbt. Ich hatte schon Angst. Aber irgendwie funktioniert da so ein Schutzmechanismus. Du denkst nicht, dass er wirklich stirbt.

Retrospektiv kann ich sagen: Selbst als es dann eigentlich klar war, begriff ich es nicht. Immerzu kamen Leute zu mir und fragten mich irgendwas zur Gesundheitssituation, die Ärztin, die Feuerwehrleute. »Lebt er noch? Lebt er noch?«, fragte ich einen von ihnen nach einer gefühlten Ewigkeit. »Da müssen Sie mit der Ärztin sprechen.« Die Antwort war eigentlich klar, denn das »Ja« wäre ihm bestimmt leicht über die Lippen gekommen. Aber ich habe es nicht verstanden. Wir haben gewartet, bis die Ärztin kam. Sie sagte dann folgenden absurden Satz: »Wir haben uns bemüht, seinen Kreislauf wieder in Gang zu bekommen, das ist uns aber nicht gelungen. Das bedeutet: Im Moment ist er tot. Und ich fürchte, das bleibt auch so.«

Er lag mit den Füßen in der Küche, weil er ja umgekippt war, und die hatten ihn dann mit dem Oberkörper in den Flur rausgezogen, um von allen Seiten an ihn heranzukommen. Und so lag er da, die Füße in der Küche, der Oberkörper im Flur. »Kann ich zu ihm? Kann ich dahin?«, fragte ich. Der eine Feuerwehrmann fragte: »Wollen Sie sich das wirklich antun?« Ich sagte: »Aber das ist doch mein Mann.« Und die Ärztin sagte zu den Feuerwehrleuten, sie sollten mich lassen, sie sollten mich zu ihm lassen. Dann bin ich hingegangen.

Er war voll mit Schläuchen von der Beatmung im Gesicht und am Oberkörper. Ich habe meinen Kopf auf seinen Bauch gelegt, habe ihn berührt. Ich hatte Angst, in sein totes Gesicht zu sehen. Sie haben mich aufgehoben und gebeten, noch mal auf die Seite zu gehen, sie wollten ihn erst säubern und die Schläuche wegmachen, und dann sollte ich wiederkommen. Anna schrie im Wohnzimmer auf dem Schoß der Nachbarin, ich ging zu ihr und stillte sie, danach ging ich wieder zu Michael. »Wasch dich erstmal«, sagte die Nachbarin, weil auch ich ganz blutverschmiert war.

Allmählich zogen sich die Feuerwehrleute und Notärzte zurück. Dann kam die Kriminalpolizei. Es war ja ein ungeklärter Todesfall. Absurd. Auf einmal war es erstaunlich ruhig. Im Flur lag der mittlerweile zugedeckte Körper meines geliebten Mannes. Im Eingang standen zwei Polizisten, ein Mann und eine Frau.

In dem Moment war ich endgültig fertig. Ich weiß es noch deswegen, weil ich die ganze Zeit einen völlig ausgetrockneten Hals hatte. Ich hatte ständig um Wasser gebeten, alle Leute haben mir immer wieder Wasser gegeben, ich habe pausenlos getrunken. Es half aber nicht. Mein Hals blieb trocken. Ich lief ständig zwischen Wohnzimmer und Flur hin und her, setzte mich immer wieder neben Michael, roch an seinen Haaren, nahm seine Hand. Hätte ich doch eine Haarlocke abgeschnitten. Das wollte ich eigentlich tun. Die Polizisten winkten ab, das dürfe ich nicht, die Leiche sei beschlagnahmt, sozusagen. Hätte ich doch nur nicht gefragt.

Immer wieder sagte ich meinem toten Mann, dass es mir so leidtut, dass ich ihm nicht helfen konnte. Diese Hilflosigkeit, die war wirklich unerträglich. Dass du nichts machen kannst! So eine Ohnmacht. Die Polizistin fragte, ob sie rausgehen soll. Ich habe die Frage gar nicht verstanden. »Was?« Sie fragte noch einmal. Aber ich hatte die Frau gar nicht gesehen, mir war vollkommen gleichgültig, was um mich herum geschah. Sie blieb im Raum.

Immer wieder musste ich von Michael aufstehen, mein Hals war zu, ich brauchte Wasser. Ich weiß nicht mehr, wann ich begriff, dass es gut sein würde, jemanden anzurufen. Zuerst meine Mutter, ich sagte, es sei etwas Schlimmes passiert, fragte, ob sie kommt. Und meine Mutter: »Ja, ja. Ja, ja. Wann?« Dann wollte ich sie langsam vorbereiten, um ihr den Schock zu ersparen.

Und ich weiß es noch wie heute, wie das Gespräch lief, das war nämlich eine Zeit, als auch Michaels Vater mal wieder sehr krank war. Meine Mutter war sich hundertprozentig sicher, ich würde jetzt gleich sagen: »Otto ist tot.« Deswegen war sie noch entspannt. Das hätte sie ja nicht so sehr getroffen. »Versuch, dich nicht so sehr zu erschrecken.« Und sie: »Ja, was ist denn passiert?« Noch mit einer völlig ruhigen Stimme. Und dann habe ich es gesagt. »Michi ist tot.« Ein ganz spitzer Schrei am anderen Ende des Telefons, ich hörte sie zu ihrem Lebenspartner Karl rufen: »Nimm du mal, nimm du mal!«, hörte ihr Wegrennen.

Am selben Tag konnten sie nicht mehr kommen, weil meine Mutter selbst einen Notarzt brauchte. Gott sei Dank kamen sie am nächsten Tag. Ich rief Freunde an, Familie. Alle dachten, Michael und ich riefen an, um ihnen ein frohes Neues Jahr zu wünschen. Es war ja Anfang Januar. Als die ersten Freunde kamen, musste ich über Michaels Körper im Flur steigen, um ihnen die Türe öffnen zu können.

Irgendwann kam die Kriminalpolizei ins Wohnzimmer, ich könne jetzt meinen Bestatter anrufen. Meinen

Bestatter? Ich hatte nicht meinen Bestatter, so wie ich meinen Blumenhändler, meinen Friseur hatte. Ich wusste gar nicht, wen ich da anrufen sollte. Irgendeinen großen habe ich genommen, aus dem Internet. Wie absurd das alles war.

Die kamen dann auch relativ schnell. Ich konnte es nicht ertragen, dabei zuzugucken, wie sie ihn auf eine Bahre laden. Ich sagte ihnen, ich hätte mich schon vorher verabschiedet, obwohl das gar nicht geht. Als die wegfuhren, schaute ich aus dem Fenster und sah zu, wie der Transporter mit meinem toten Mann durch die Schneelandschaft wendete.

Michael hatte schon als Kind eine Aortenisthmusstenose. Das ist damals auch festgestellt worden, er wurde als Kind operiert. Er hatte als Kind schon einen Stent und wusste, dass er das, wenn er ausgewachsen ist, nochmal würde korrigieren lassen müssen. Die erste Operation als Kind ging gut, die zweite nicht. Da wäre er fast gestorben. Es gab Komplikationen im Anschluss an die OP. Das hat ihn sehr geprägt. Er ist schon als junger Mensch, im Alter von 20 Jahren, dem Tod von der Schippe gesprungen.

Mit dieser Erfahrung hängt sicher zusammen, dass er das ganze Thema nachher sehr weit von sich weggeschoben hat. Von Vorsorgeuntersuchungen hielt er nichts. Er wollte nichts mehr damit zu tun haben. Das empfinde ich als meine große Schuld, ihm gefolgt zu sein bei seinem Lebensmodell, mit dieser Krankheit so umzugehen. Für ihn war das ad acta gelegt. Immer, wenn man ihn darauf

ansprach, sagte er: »Wieso, ich wachse doch nicht mehr.«
Ich hätte das nicht so hinnehmen dürfen.

Michael hat sich körperlich kaum angestrengt. Fast nie.
Hat auch ungesund gelebt, wann immer er das wollte.
Einschränkungen lagen ihm gar nicht. Und das war auch
etwas, das er eindeutig so formuliert hat. Mein Vater hat
mal versucht, ihm ins Gewissen zu reden wegen des Rau-
chens. Und da hat Michael ganz klar gesagt: »Lieber kür-
zer und intensiv will ich leben, als mich einzuschränken.«
Das fand mein Vater furchtbar damals, der konnte überhaupt nicht verstehen, dass man das so sagen kann. Aber
so war es. Deswegen wollte sich Michael da auch nicht
reinreden lassen, zur Kontrolle gehen. Aber dennoch.

Ich denke, er hat von seiner jugendlichen Operation
ein Trauma mitgenommen, als es ihm so schlechtging.
Jemand, der ihm so nah war wie ich und nicht trauma-
tisiert, der hätte es eigentlich besser machen können als
er selbst. Zumindest versuchen können. Ob er dem gefolgt wäre, ist noch eine ganz andere Frage. Aber ich hätte es zumindest versuchen können.

In der ersten Nacht nach seinem Tod habe ich überhaupt nicht geschlafen. Zwei Freundinnen blieben bei
mir, sie schliefen auf den Sofas im Wohnzimmer, Anna
im Schlafzimmer. Und ich blieb in Michaels Arbeits-
zimmer und guckte mir Sachen von ihm an. Die Polizei
hatte auch seinen Personalausweis angeschaut, den er in
der Hosentasche hatte. Dann haben sie mir das Porte-
monnaie nachher wiedergegeben, ich nahm alles raus,

seine Ausweise und die Bilder und so was. Ich habe die ganze Nacht damit verbracht. Ach so, nicht ganz, in dieser Nacht musste ich noch ins Krankenhaus gebracht werden, weil ich irgendwann einen Blutdruck von über 200 hatte.

Michaels Eltern wollten am nächsten Tag in die Wohnung kommen. Mittlerweile hatte ich schon einen Tatortreiniger da, weil ich weder selbst das ganze Blut wegwischen wollte, noch wollte ich es irgendwelchen Menschen zumuten, die ihn kannten. Dann habe ich einen professionellen Tatortreiniger bestellt. Der ist meistens nach Verbrechen im Einsatz. Die kommen dann mit allem möglichen Zeug an Ausrüstung vorbei. Es war mir klar: Bevor die Mutter in unsere Wohnung kommt, musste ich es irgendwie schaffen, die Spuren vom Sterben ihres Sohnes zu beseitigen. Das bedeutete auch, dass wir im Flur den Teppich rausreißen mussten, weil die Feuerwehrleute Michael ja in den Flur gezogen hatten und so viel Blut im Spiel war, dass da ganz viele Flecken auf dem Flurteppich waren. Ein Sisalteppich. Wir haben es gerade noch geschafft, auch den noch rauszureißen, bevor seine Eltern kamen.

Ich konnte keine Schlaf- oder Beruhigungsmittel nehmen, weil ich unsere Tochter stillte. Sie war gerade fünf Monate alt. Ich habe fast nicht geschlafen, immer nur ganz kurz. Aber irgendwann schläfst du dann aus Erschöpfung, weil du gar nicht mehr kannst. Und weil Trauern wahnsinnig anstrengend ist, wahnsinnig kräfteraubend. Hinzu kamen die vielen Termine, Entscheidungen, die zu treffen waren, das Funktionierenmüssen. Grauenhafte Entscheidungen wie das Aussuchen eines Sarges.

Bis zur Beerdigung waren immer Menschen um mich. Ich erinnere mich aber an einen speziellen Tag, als alle abgereist waren, wirklich alle. Plötzlich war ich mit Anna ganz alleine in der Wohnung. Wir gingen raus, zu irgendeiner Beratungsstelle im Rathaus, auf der Suche nach irgendeiner Art von Unterstützung. Dabei kam nichts herum, aber ich erinnere mich an diesen Spaziergang durch den hohen Schnee mit dem Kinderwagen, an das absolute Alleinsein. Ich dachte: Was mache ich? Was mache ich bloß? Alleine mit dem Kind. O nein, o nein, o nein. Das war grauenvoll.

Wir wurden von Freunden nach Österreich mit in den Winterurlaub genommen, ich war willenlos. Es war furchtbar. Ich habe immer auf diese schrecklich schönen schneebedeckten Berge geguckt, die Idylle mit Sonnenschein. Und ich dachte: »Nun bin ich hier. Und wo bist du?« Ich habe immer Michael gesucht. »Wo bist du? Wie geht's dir?« Ich habe immer noch gedacht, ich könnte mit ihm sprechen und würde vielleicht auch eine Antwort bekommen.

Habe ich aber natürlich nie. Man begreift das alles erst nach langer Zeit. Ich glaube, es gibt in allem einen Riesenunterschied zwischen dem rationalen Begreifen und dem emotionalen. Rational wusste ich ganz genau, dass er nicht wiederkommt. Aber emotional dauert es ewig, bis das ankommt.

In dieser Phase habe ich alle möglichen spirituellen Versuche gemacht, habe viel gelesen in diese Richtung, Bücher ausgewählt von Autoren, die über das Leben jenseits des Todes geschrieben haben. Ich habe versucht, durch diese Bücher einen Zugang zu finden, einen Zugang zu Michael, ich wollte ihn irgendwann und irgendwo wiederfinden. Das einzig Angenehme war es, diese Bücher zu lesen, auch in diesem schrecklichen Urlaub, ich freute mich abends sogar auf das Lesen dieser Bücher. Es war wie ein Auftrag, den ich in mir verspürte. Aber es brachte nicht das, was ich mir davon versprochen hatte. Eine Spiritualität habe ich für mich nicht gefunden, auch Antworten nicht.

Später, als dann auch noch Anna starb, habe ich alles weggeworfen. Weg damit. Das hilft mir jetzt auch nicht mehr, wusste ich.

Nach Annas Tod – sie starb mit nicht mal einem Jahr an einer Herzkrankheit, die nichts mit Michaels Krankheit zu tun hatte – wollte ich dann nicht mal mehr suchen. Nichts mehr, niemanden mehr.

Ich kann nicht ganz genau sagen, was mich nach Annas Tod am Leben gehalten hat. Ich wusste mit absoluter Sicherheit, dass ich sterben würde. Ich war mir so sicher, dass ich aus dem Leben scheiden würde. Meine ganze Zeit habe ich nur noch darauf verwendet, mich darauf vorzubereiten. Ich wollte bestimmte Dinge in Erfahrung bringen, ein paar Sachen noch ordnen, wollte allen Briefe schreiben, mit denen ich zu tun hatte, wollte ihnen diesen

Schritt erklären, sie meiner Liebe versichern und dergleichen. Außerdem hatte ich technische Dinge zu klären: Wie mache ich es am besten? Und darüber ging die Zeit ins Land.

Zwei- oder dreimal hatte ich einen Termin auserkoren. Und am jeweiligen Tag verschoben. Danach habe ich angefangen, mich selbst nicht mehr ernst zu nehmen in dieser Frage. Mir wurde klar: Ich schaffe das wohl doch nicht. Beim ersten Mal dachte ich noch: Na ja, okay, du warst halt noch nicht fertig. Du hattest noch was zu erledigen. Als ich es dann aber noch mal verschoben hatte, habe ich mich ehrlich geärgert, fand mich gleichzeitig albern.

Irgendwann merkte ich: ich muss von dieser Idee lassen. Ich mache es sowieso nicht. Das war sehr schmerzhaft. Weil ich dann nichts mehr hatte. Die Entscheidung, aus dem Leben zu scheiden, war alles, was ich vorher noch hatte. Also im Grunde hat mich dieser Plan und das Beschäftigen damit noch aufrecht gehalten. Dann hatte ich das nicht mehr, dann hatte ich definitiv nichts mehr. Das war noch mal ganz grässlich.

An Trauergesprächen im Kreis »Verwaiste Eltern« nahm ich teil. Das war aufwühlend, aber auch schön. Ich weiß nicht, ob das Wort hier passt, aber doch, es hatte schon irgendwie etwas Schönes, auf Leute zu treffen, denen man gar nichts erklären musste. Das ist ja das Geheimnis dieser Gruppen: Du triffst auf wildfremde Menschen und bist innerhalb von wenigen Sitzungen ganz eng verbunden, weil du dir gegenseitig nichts erklären musst. Du bist vollkommen zerstört, und der andere versteht das sofort, die anderen weinen immer sofort mit, wenn einer weint. Das verbindet ungemein, und es ist auch eine Art von Geborgenheit.

Mit einigen Leuten aus der Gruppe bin ich auch heute noch befreundet, vor allem mit einem Paar. Und vermittelt über diese Organisation, die diesen Gesprächskreis initiiert hat, fand ich auch einen Therapeuten. Es war für mich relativ schwierig, zu ihm erst mal Zugang zu finden. Wir haben eine Weile gebraucht. Zwischendurch habe ich ihn auch mal richtig doof gefunden und hätte die Therapie am liebsten abgebrochen. Ich dachte, es nützt sowieso nichts, bin aber trotzdem immer weiter hingegangen.

Ein halbes Jahr später kriegte ich dann einen Anruf von der Lebensgefährtin dieses Therapeuten, er sei erkrankt, die Sitzungen müssten jetzt leider erst mal ausfallen, sie würden sich wieder melden. Das Nächste, was ich erhielt, war dann die Trauerkarte im Briefkasten. Er war gestorben.

Da dachte ich: Schon wieder? Auch das ist so absurd. Weswegen gehe ich zu dem? Um zwei Tode zu verarbeiten. Und was macht er? Er stirbt. Was soll das? Dann hatte ich erst mal keine Lust mehr. Im Sommer des darauffolgenden Jahres habe ich dann doch noch mal einen Anlauf genommen. Ich hatte schon ein Bewusstsein dafür, dass ich eine Behandlung brauche. Ich wusste ja auch, wie schwer dieser Anlauf mit dem verstorbenen Therapeuten war, wie lange wir gebraucht hatten, bis das einigermaßen ging. Und vor diesem Prozess hatte ich absolute Angst.

Mein neuer Versuch war mit einer Therapeutin. Ich glaube, ich war ungefähr zweimal bei ihr, als sie anrief und sagte, sie traue sich den Fall nicht zu. Sie könne das nicht machen. Danach hatte ich endgültig keine Lust mehr auf Therapien.

Es waren Freundinnen und Freunde, die mich gestützt haben. Die Weihnachtsfeste waren und sind noch immer schlimm. Ich fuhr mit Freunden an die Ostsee, und obwohl es schwer war, waren diese kleinen Reisen kleinere Lichtmomente in einem ansonsten sehr, sehr düsteren Alltag. Aber letztlich war es besser, als alleine zu Hause zu sein. Das hatte ich im Sterbejahr meines Mannes und meiner Tochter erlebt, Weihnachten alleine zu Hause mit sehr viel Alkohol. Meine Mutter ist schier durchgedreht, die wollte unbedingt kommen, aber ich wollte das nicht. Ich wollte ja aus dem Leben scheiden.

Im Herbst desselben Jahres fing ich wieder an zu arbeiten. Auch so etwas, das sich zufällig ergeben hat. Denn ich selbst habe nichts unternommen. Dazu war ich viel zu schwach. Ich bin angerufen worden. Das war eine Zeit, in der offensichtlich die Botschaften händeringend Leute suchten und ihre alten Karteien durchforsteten. Ich war schließlich zehn Jahre raus aus meinem Beruf im diplomatischen Dienst. Und da rufen mich gleich mehrere Institutionen an und fragen, ob ich für sie arbeiten könnte.

Als Rettung habe ich das nicht sehen können. Ich war

zu keiner Entscheidung in der Lage. Das haben immer andere für mich gemacht. Meine Schwester war sehr aktiv und wollte unbedingt, dass ich eine Beschäftigung habe. Sie sagte dann zum Beispiel: »Geh doch wenigstens mal hin zu einem Vorstellungsgespräch.« Und dann habe ich gedacht, ja, okay. Ich habe gedacht, die nehmen mich sowieso nicht. Ich war ja zehn Jahre raus aus dieser Tätigkeit. Warum sollten die mich nehmen? Und als der Zuständige dann anrief und sagte, das wird wahr, er habe sich für mich entschieden, da wollte ich sofort absagen. Dann kam wieder meine Schwester: »Geh doch hin. Du kannst doch jederzeit wieder kündigen. Geh doch erst mal hin und schau, ob das nicht gut für dich ist.«

Ich habe mich schieben lassen. In dieser Zeit habe ich mich viel schieben lassen. Der Wiederbeginn im diplomatischen Dienst war eine merkwürdige Sache. Es war eigentlich eine totale Überforderung. Ich war so kraftlos, ich konnte das eigentlich gar nicht. Aber auf der anderen Seite bin ich auch so ein Pflichttyp, der es auch damals nicht wirklich hätte ertragen können, unvorbereitet dahin zu gehen. Und so hatte ich jeden Tag ein bisschen was zu werkeln, was zu machen, zu tun. Im Inneren war ich ja immer noch überzeugt: Ich bleibe nicht hier auf dieser Welt. Und dann habe ich wieder pflichtbewusst gedacht: Na ja, ich muss meine Mitarbeiter schon wenigstens bis zu meinem nächsten Urlaub bringen. Ich kann die ja nicht so mittendrin im Stich lassen … also total behämmert. Tatsächlich ist das aber so in mir vorgegangen. Zuerst hatte ich mir den Herbsturlaub vorgenommen. Als es dann nicht geklappt hat, habe ich mir die Weihnachtsferien vorgenommen.

Es war aber nicht mein Pflichtbewusstsein, das mich am Leben gehalten hat. Ich glaube, es gibt einfach einen Überlebensdrang in den meisten von uns. Sicher nicht in jedem, aber in den meisten von uns. Den hat es auch in mir gegeben – obwohl ich ihn gehasst habe. Ich habe es gehasst, als ich das erkannt habe. Ich wollte es nicht. Ich wollte unbedingt sterben, und unbedingt im gleichen Jahr wie meine Familie. Das war mir wichtig. Und als ich es dann zum Jahreswechsel immer noch nicht geschafft hatte und wusste, jetzt steht auf dem Grabstein unter meinem Namen ein anderes Jahr, war ich so böse auf mich! Ich habe mich sehr schwergetan mit diesem Überlebenswillen, ihn zu akzeptieren, ihn zuzulassen. Das ist mir wahnsinnig schwergefallen.

Irgendwann trat Gewöhnung ein. Du kannst dich der Gewöhnung nicht widersetzen, sie tritt einfach irgendwann ein, ob du willst oder nicht – und ich wollte das keineswegs. Irgendwann bist du daran gewöhnt, dass die geliebten Menschen nicht mehr da sind. Dass die Zeit Wunden heilt, das stimmt ganz und gar nicht. Aber die Trauer verändert sich durch die Gewöhnung. So habe ich mich auch an meinen Überlebenswillen gewöhnt. Ich habe sehr lange Zeit mein Leben nicht besonders geschätzt, und das tue ich auch jetzt nur begrenzt. Aber ich hasse mich nicht mehr für diesen Überlebenswillen – immerhin schon mal ein erster Schritt.

Relativ früh nach Annas Tod, schon im Jahr darauf, hatte ich angefangen, über die Möglichkeit eines Pflegekindes nachzudenken. Und zwar weil ich eine Werbung gesehen hatte irgendwo in der U-Bahn: »Familien für Kinder«. Das ist so ein Verein, der von den Jugendämtern beauftragt wird, bestimmte Informationsveranstaltungen zu Pflegekindern zu machen. Die hatten Werbebanner geschaltet.

Dieses Ding hat mich irgendwie angezogen, ich starrte während der gesamten U-Bahn-Fahrt auf diese Anzeige. Wäre das was für mich? Nein, im ersten Moment hielt ich es für eine absurde Idee. So etwas braucht ja auch eine Weile, bis das reift, bis man irgendwann neues Leben im eigenen Leben zulassen kann. Es klang für mich schäbig, meine Anna einfach durch ein anderes Kind zu ersetzen. Ich wusste zwar, dass das nicht so sein würde und dass ich nie Anna ersetzen würde, ich hatte aber trotzdem diese Gedanken.

Aber auf der anderen Seite habe ich gemerkt, dass ich wie ferngesteuert irgendwann mal zu so einer Veranstaltung von »Familien für Kinder« hinging. Rein theoretisch habe ich mich informieren lassen, wie das dann alles so geht und wie die rechtliche Situation ist. Ich merkte, dass ich da gerne hinging, dass ich mich auf die Termine freute. Das habe ich als Zeichen gedeutet. Aber dieses Zeichen war natürlich noch weit entfernt von einer Entscheidung.

Ich glaube, ich wäre auch nie in der Lage gewesen, mich zu entscheiden. Das ist mir irgendwann klargeworden. Ich hätte nie sagen können: Ja, okay, ich mache das jetzt, ich gehe jetzt diesen Weg. Weil ich aber dennoch wusste, so komme ich da nicht weiter, meldete ich mich einfach bei diesem Kinderpflegedienst und sagte mir: Ich gehe jetzt einfach mal die nächsten Schritte. Man muss ohnehin ein Prüfverfahren über sich ergehen lassen. Und da dachte ich, dann mache ich das einfach, und entweder denke ich zwischendurch, o Gott, o Gott, o Gott, das wird nichts, oder ich muss so weit gehen, dass sie mir dann irgendwann mal einen Vorschlag machen, mir ein Kind vorstellen. Erst dann würde ich wissen, ob ich es hinkriegte.

So habe ich es auch gemacht. Nachdem ich die Prüfung bestanden hatte, das Gütesiegel vom Jugendamt in der Tasche, wusste ich auf dem Nachhauseweg und in den Tagen danach noch keineswegs, ob ich am Ende würde zustimmen können. Und ehrlich gesagt, als ich meine Pflegetochter dann gesehen hatte, ein süßes kleines Mädchen mit Schokoladenaugen und braunen Haaren, wusste ich es auch noch nicht. Auch da habe ich noch einen Anstoß von außen gebraucht. Obwohl ich sie schon kannte, obwohl ich sie schon ein paarmal besucht hatte, auf dass sie sich an mich gewöhnen möge. Ich musste die Entscheidung, ob ich dieses Pflegekind zu mir nehmen würde, dem Schicksal überlassen, ich konnte sie nicht selber treffen.

Und dann kam eines schönes Tages nach mehreren Wochen ein Anruf vom Jugendbeamten: »Es tut uns wahnsinnig leid, aber es wird doch alles nichts.« Das war eine

Fehlinformation, wie sich später herausstellte. Also irgendjemand von den Ämtern hatte etwas völlig falsch verstanden. Ein paar Tage lang haben die tatsächlich geglaubt, das wird nichts, und haben mir das auch so übermittelt. Und da erst – da erst! – wusste ich es. Da hatte ich dann das Gefühl, dass es richtig ist, Leni als meine Pflegetochter aufzunehmen. Ich wollte das schöne Gefühl der Wärme und Sorge für sie nicht mehr missen.

Nach dem doppelten Tod meines Mannes und meiner Tochter glaube ich sagen zu können, dass ich das Meiste von dem erlebt habe, was überhaupt zu erleben möglich ist. Auch, was die Anteilnahme anbelangt. Freunde, die sich so verhalten haben, wie ich es erwartet hätte, die da waren, aber auch nicht ständig auf der Matte standen. Enge Freunde, von denen ich eigentlich viel erwartet hatte, die aber weggelaufen sind aufgrund ihrer eigenen Angst vor dem Tod. An mir klebte einfach zu viel Tod. Das hat einige abgeschreckt.

Ich habe aber auch mindestens zwei Leute erlebt, die vorher gar nicht so nah an mir dran waren, dass die sich so verpflichtet hätten fühlen müssen. Und die sind beide quasi über sich hinausgewachsen und waren immer da, haben immer was angeboten. Die musste ich fast rausschmeißen, wenn ich mal für mich sein wollte.

Also da war wirklich alles dabei. Auch tiefe Enttäuschungen. Eine richtig gute Freundin, die verschwunden war, die sich geradezu versteckte. Das hat mich sehr verletzt. Jahre später schrieb sie mir einen Brief, wir trafen uns, und sie gestand mir, wie überfordert sie mit der Situation war. Annas Tod habe ihre eigene Verlustangst hervorgebracht, diese Angst habe sie überwältigt. Sie vergoss dann viele Tränen über sich selbst und über ihre Unfähigkeit, mir beizustehen. Für mich war es damit dann gut.

Aber ich hatte viel Unterstützung von meiner Familie, wirklich viel Unterstützung. Meine Schwester war für mich da, meine Mutter, mein Vater. Die haben sich alle abgewechselt, andauernd waren sie da.

Vor diesen Verlusten war ich eine andere, auf jeden Fall. Das steht fest. Ich war zuversichtlicher. Ich war bestimmt nicht ein ewig fröhlicher und glücklicher Mensch. Ich hatte natürlich auch meine Tiefen und Krisen, was alles so dazugehört. Aber ich hatte eine Art Grundoptimismus für mein Leben und auch für unser Leben. Das war ja damals einfach immer ein gefühltes »Wir« und »Unser«. Und just in der Phase, in der alles zusammenbrach, hatte ich dieses Gefühl besonders. Es war eigentlich unsere beste Zeit.

Michael hat das auch so empfunden. Deswegen ist mir sein Brief so wertvoll, den er mir zu Weihnachten, kurz vor seinem Tod, schrieb. Es stehen dort viele schöne Sätze drin, vor allem über das Glück mit Anna. »Das war unser Jahr« – diesen Satz lese ich noch oft.

Wir waren so voller Pläne, voller Zukunftspläne und voller Glück, dass uns das noch beschieden war mit der kleinen Anna. Michael war ein unglaublich stolzer Vater.

Und dieses Grundgefühl fürs Leben, das hat mich damals auch getragen.

Ich von mir aus hätte mich, glaube ich, nie von Michael getrennt. Das ist ein großer Satz, denn man weiß ja nie, was passiert, ob man zusammenbleibt. Aber in dem Moment zumindest habe ich mich so gefühlt, als sei das mein Gefährte bis an mein Lebensende. Und ich sah uns mit einem weiteren Kind und Häuschen und Garten und so. Es ging uns wirklich ziemlich gut.

Die hat sich schon verändert, diese Grundzuversicht dem Leben gegenüber, sie ist mir ganz gründlich abhandengekommen. Ich habe auch keine Ziele mehr. Ich nehme jetzt, was kommt. Ich kann mich über vieles sehr freuen. Ich kann mich über schöne Abende sehr freuen. Ich kann mich über Leni freuen, wie sie heute Morgen in mein Bett kam und sagte: »Meine Mama! Meine Mama!« Das ist ganz toll. Und das weiß ich sehr zu schätzen, wie ich überhaupt den Goldschatz Leni sehr zu schätzen weiß. Manchmal fragt sie nach Anna, und dann erzähle ich von ihr. Aber für mich habe ich keine Pläne und keine Ziele. Es plätschert so dahin, und es ist mir eigentlich egal, wie lange das dauert.

Johanna Feldmann

Ich begreife es heute noch nicht, so viele Jahre später

Ich weiß es noch ziemlich genau. Ich war bei der Arbeit im Büro und hatte mittags versucht, meine Schwester anzurufen, weil ich schon länger nichts von ihr gehört hatte. Wir standen uns eigentlich sehr nah, hatten uns aber in den Monaten vorher ein wenig aus den Augen verloren, denn ich war zu dieser Zeit gerade schwer mit mir selber beschäftigt. Es war so Ende September, schönes Herbstwetter. Als sie nicht ans Telefon ging, habe ich ihr auf die Mailbox gesprochen. Nach einem Meeting kam ich zurück und sah, dass meine Schwägerin versucht hatte, mich anzurufen. Bei meinem Rückruf fragte sie mich, ob ich wüsste, wo meine Schwester sei. »Nein, ich habe auch versucht, sie zu erreichen.«

»Sandra ist schon seit ein paar Tagen verschwunden ... Wir suchen sie, sie meldet sich nicht.« Um uns beide zu beruhigen, sagte sie dann aber: »Naja, wird schon werden.«

Sandra hatte einen schönen Laden für Wolle und Einrichtungsgegenstände, auf dem Land. Sie hatte am Montag in die Stadt fahren wollen, und nun war schon Mittwoch. Sie tauchte nicht mehr auf.

Sandra hatte anderthalb Jahre vorher für kurze Zeit diese Depression. Sie kam aus dem Nichts. Wenn ich heute die Fotos raussuche und mir ansehe, strahlt sie überall von einem Ohr bis zum anderen. Man wird kaum ein Foto finden, auf dem sie nicht strahlt. Es ist und bleibt für uns alle unerklärlich …

Du fängst natürlich im Nachhinein an zu suchen: Was habe ich nicht gesehen? Was habe ich nicht gespürt? Indizien dafür, dass sie vielleicht immer schon eine Neigung zur Depression hatte oder zu ähnlichen seelischen Zuständen. Aber dieser Mensch ist für uns alle aus dem Nichts heraus depressiv geworden. Plötzlich magerte sie ab und ist dann, als es gar nicht mehr ging, zu einer Ärztin gegangen. Diese verwies sie an eine Klinik, später ging sie auch aus freien Stücken in eine psychosomatische Spezialklinik, die ihr ihre beste Freundin empfohlen hatte.

Ich hatte drei Geschwister: meine ältere Schwester Heike, zu der ist der Altersabstand am geringsten, und mit ihr habe ich auch in meiner Kindheit und Jugend die meiste Zeit verbracht. Mein Bruder Ulrich war der älteste von uns, und nach ihm kam Sandra. Doch auch wenn sie deutlich älter war als ich, sind wir nach der Schule im gleichen Bundesland gelandet, haben zusammen Urlaub gemacht, später auch in einem Haus gewohnt. Wir waren eng miteinander verbunden, Sandra war eigentlich mein Bezugspunkt in der Familie.

Dann war sie also in dieser Klinik gewesen und kam zurück. Wir feierten Silvester zusammen in diesem Jahr.

Sie kam mit ihrem fünf Jahre alten Sohn Lukas. Ich sah, wie sie Tabletten nahm, und fragte sie: »Was nimmst du denn da?«

»Das haben die mir in der Klinik gegeben. Ich weiß nicht, ob es gut ist, aber das ist mir jetzt egal. Ich will mich nur nie wieder so fühlen, wie ich mich damals in der Klinik gefühlt habe.« Sie sprach davon, dass sie nur schwer an Autobahnbrücken vorbeigekommen sei in dieser tiefen Phase, dass sie wirklich nahe dran gewesen sei, sich da runterzustürzen.

Trotzdem habe ich mir nicht wirklich schwerwiegende Sorgen gemacht, weil es zu dem Zeitpunkt schon vorbei war mit ihrer Depression. Sie war ja gut eingestellt auf die Tabletten. Was passiert sein muss – das haben wir erst im Nachhinein rekonstruiert –, ist, dass sie diese Tabletten eigenmächtig abgesetzt hat, was man gar nicht darf. Sie muss in die nächste depressive Phase abgerutscht sein, besorgte sich über eine Schulfreundin, die Psychiaterin ist, wieder die Tabletten, und eine Woche später war sie tot. Denn am Anfang stärken diese Tabletten nur die Kraft, den Willen. Erst in der zweiten Phase heben sie die Stimmung, und das ist das Problem. Die erste Zeit der Einnahme ist eine kritische Phase, in der viele in den Selbstmord gehen.

»Mach dir keine Sorgen, wir machen das schon«, sagte also meine Schwägerin am Ende unseres Telefonats und meinte damit auch meinen Bruder, »wir halten dich auf dem Laufenden.« Ich bekam trotzdem sofort wahnsinnige

Angst, war unendlich beunruhigt. Das ist typisch für meine Familie: keine Polizei und so. Bloß nichts nach außen dringen lassen. Wissen Sie, in der Provinz kennt jeder jeden, und es wird immer alles schön unter dem Deckel gehalten.

Dann hatten sie aber zwischenzeitlich doch die Polizei gerufen. Ich war absurderweise auf dem Weg zum Friseur und rief auf dem Weg dorthin wieder an. Meine Schwägerin sagte dieses Mal nur: »Ich gebe dir Ulrich.« Das ist mein Bruder. Der sagte nur: »Hanna, kannst du kommen?« Mir war sofort klar, was passiert ist. Ich wusste es einfach. Er sagte: »Ich kann das doch nicht Mama und Papa sagen.«

Sie hatten meine Schwester gerade gefunden in einem Wald, in einem kleinen Rasthäuschen aus Holz. Sie hatte sich dort aufgehängt. Mein Bruder hat sie noch gesehen. Der hat sich nicht aufhalten lassen. Dann war auch schon die Polizei da. Es waren holländische Wanderer, die sie gefunden haben, ein Ehepaar. Ich war zwar nicht dabei, habe aber die Szenerie ziemlich deutlich vor Augen, auch weil ich danach noch einige Male in diesem Häuschen war.

Als wir miteinander telefonierten, war es früher Abend, so gegen 18 Uhr. Ich kehrte sofort um, fuhr zu meinem Mann in die Firma, erzählte ihm, was passiert war, fuhr mit ihm nach Hause, packte fünf Sachen zusammen, und dann brachen wir sofort in meine Heimat auf. Wir kamen zwischen zwei und drei Uhr nachts dort an.

Ich begreife es heute noch nicht, so viele Jahre später. Ich stand damals total unter Schock. Bis heute kriege ich das nicht zusammen, dass diese Frau, die meine Schwester war, sich aufgehängt hat. Das kriege ich nicht hin. Dass sie das plant, dass sie das macht. Ich kann mir auch bis heute keine Fotos von ihr angucken. Ich kann sie ansehen, aber ich sehe durch die Bilder hindurch, verstehen Sie? Ich kann sie nicht anschauen im wörtlichen Sinne.

Ich kann mich an Sandra erinnern, an unsere gemeinsame Zeit, und ich kann auch über sie reden, das ist kein Problem. Drei, vier Monate nach ihrem Tod hatte ich einen wunderbaren Traum, der mir unheimlich geholfen hat. Einen ganz absurden Traum, aber er war toll. Danach ging es mir wirklich besser.

Ich träumte, dass wir, die ganze Familie, uns trafen in einem nicht näher beschriebenen Raum. Wir waren alle ganz fein angezogen, so, wie man sich zu einer Familienfeier kleidet. Und dann stellte sich heraus, dass jemand heiratet, und zwar meine Schwester Sandra. Ich wusste nicht, wen sie heiratet, das spielte auch keine Rolle. Irgendwann erschien sie in einem weißen Leichenhemd, also nicht in einem Brautkleid, sondern in einem Leichenhemd, und sah so glücklich aus! Da habe ich sie umarmt und gesagt: »Mensch, Sandra, dass du hier bist.«

Im Traum habe ich geweint, und meine echten Tränen weckten mich auf. Ich hatte sie im Arm, mir liefen die Tränen runter, ich hatte mich so gefreut, weil sie so glücklich aussah. Dieser Traum hat mir ein besseres Gefühl gegeben. Ich habe seither das Gefühl, dass sie okay ist, erlöst, sie wollte das so, und da, wo sie jetzt ist, ist sie frei von dieser Last, von dieser Schwere.

Die nächtliche Autofahrt zu meiner Familie war natürlich heftig. Mein Mann Ralf ist gefahren. Ich hatte wahnsinnige Angst davor, wie es sein würde, dort anzukommen, in diesen Schmerz reinzukommen. Und vor dem Zustand, in dem meine Eltern sein würden. Das war einfach nur: O Gott. Und dann sofort die Überlegung: Lukas, der arme Kerl. Was wird jetzt aus ihm? Er war damals fünf Jahre alt.

Mein Mann sagte sofort: »Lass uns den nehmen. Der Kleine kann nicht hier auf dem Dorf bleiben.« Dann habe ich gesagt: »Es wird vermutlich so sein, dass Ulrich ihn zu sich nimmt.« Mein Bruder war quasi der Ersatzvater gewesen.

Als wir ankamen, war es schon mitten in der Nacht. Im Wohnzimmer brannte noch Licht, mein Vater saß am Fenster. Mein Bruder kam uns entgegen, wir haben uns natürlich umarmt und sicher auch ein bisschen geweint. Das erinnere ich jetzt nicht mehr. Mein Vater war damals schon Mitte siebzig, und er war fassungslos, einfach fassungslos, hat dagesessen, geweint. Meine Eltern konnten das wohl nicht begreifen. Ich glaube, die waren zu alt dafür.

Meiner Mutter hatten sie Beruhigungsmittel gegeben. Ich sah sie erst am nächsten Morgen. Das werde ich auch nie vergessen, wie sie aus dem Bad kam. Sie hat meine Anwesenheit gar nicht wahrgenommen, sicher auch wegen der Medikamente. Eine gebrochene Frau stand vor mir. Sie musste richtig gestützt werden. Aus ihr war alle Kraft raus, alles Leben war weg. Alles war weg. Es hat ein paar Tage gedauert, bis sie physisch überhaupt die Konstitution hatte, normal zu gehen oder zu sitzen. Der Boden unter ihren Füßen war im wahrsten Sinne des Wortes weg.

Wir haben die nächsten Abende wahnsinnig lange zusammengesessen – mein Bruder mit seiner Frau, meine Schwester, mein Mann – und haben zusammen geweint. Nur stundenweise haben wir geschlafen. Jeder von uns brach in bestimmten Momenten zusammen. In der dritten Nacht brach dann auch mein ansonsten so starker Bruder irgendwann zusammen. So hatte ich ihn noch nie erlebt. Wir sprachen darüber auch nie mehr.

Mein Mann wollte schon seit seiner Jugend keine Kinder haben. Obwohl er ein sehr empathischer Mensch ist, auch wenn er manchmal im Alltag etwas polterig daherkommt. Und in der Situation hat er total mit diesem Kind gefühlt. Folgendes Bild wird mir immer in Erinnerung bleiben: Meine Eltern hatten eine Schreinerei mit einem großen Gelände drum herum. Meine Mutter und ich waren mit dem Hund draußen, und in der Entfernung sah ich, dass Ralf mit Lukas ein Stückchen weiter weg stand. Sie hatten ein Spiel erfunden: Sie hatten einen Stock, und dann lag da so ein alter Arbeitshandschuh, den sie auf den Stock aufspießten. Ich hörte, dass es in dem Spiel darum ging, dass der Handschuh ein Monster sei, das Lukas bezwingen solle. Immer wieder schlug er darauf ein und konnte so seine ganzen Aggressionen loswerden. Instinktiv und einfühlsam hat mein Mann den kleinen Jungen abgeholt, ganz ruhig. Er hat da eine unheimliche Nähe zu ihm aufgebaut. Das war vier Tage, nachdem wir Lukas im Familienkreis und im Beisein seiner Kinderärztin gesagt hatten, dass seine Mutter tot ist.

Er kam reingelaufen, dann sagten wir: »Setz dich mal, Lukas, wir müssen dir was sagen.«

Nein, jetzt weiß ich es wieder genau, es war so: Er kommt reingelaufen, sieht uns alle und sagt: »Wo ist meine Mama?« Weil klar war, dass sie es war, die in der Runde fehlte. Obwohl sie an den Tagen vorher ja auch nicht da war. »Wo ist meine Mama?« Dann sagte die Kinderärztin: »Setz dich mal. Deine Mama, die kommt nicht mehr. Deine Mama ist tot.«

Also wirklich in zwei Sätzen: Bamm, bamm! Und er hat angefangen zu weinen: »Ich will zu meiner Mama!« Eine halbe Minute lang. Dann fragte er die Ärztin: »Soll ich dir mein Zimmer zeigen?« Das war total irre. Lass es eine dreiviertel Minute oder Minute gewesen sein, aber auf jeden Fall in Lichtgeschwindigkeit heulte er und dann, so funktionieren halt Kinder, raus aus der Situation. Nicht zu ertragen – Flucht. So ungefähr. Und damit war dann das Thema auch erst mal erledigt.

Heerscharen von Menschen kamen zu Sandras Beerdigung, Hunderte von Leuten. Es war total kalt an diesem Tag. Ich hatte vergessen, Lukas eine Strumpfhose anzuziehen, er zitterte am ganzen Körper. Als der Sarg runtergelassen wurde, kam ein Sonnenstrahl raus. Das passiert ja oft bei Beerdigungen. Man legt da dann immer so viel Bedeutung rein. Aber ich erinnere vor allem, dass es unglaublich kalt war. Das ist seitdem mein Gefühl bei Beerdigungen: Es ist immer kalt, ob Sommer oder Winter, es ist einfach immer kalt.

Am offenen Sarg verabschiedeten wir uns alle von ihr. Nur Lukas nicht, obwohl die Psychologen uns damals rieten, er solle seine Mutter auch am offenen Sarg noch einmal sehen. Aber das war uns zu brachial. Erst als wir Sandra zu Grabe trugen, war er dabei. Er hielt die ganze Zeit sein Lieblingskuscheltier in der Hand.

Mein Bruder hörte zu dieser Zeit immer ein spezielles Lied im Auto, überhaupt nicht meine Musik, aber es passte zu unserer Situation: »… Jeder geht seine Wege. Jeder für sich. Uns bleibt ein kleines Stück Gemeinsamkeit.« Dieses Lied wurde dann auch in der Kirche gespielt, und wir haben es zu Hause in der Nacht oft sehr laut gehört. Dieses Lied hat unseren Schmerz ganz gut gegriffen.

Gemeinsam mit meinem Bruder und meiner Schwägerin trafen wir dann relativ schnell die Entscheidung, dass Lukas bei meinem Mann Ralf und mir aufwachsen würde. In Berlin. Ich bin mir sicher, es war die absolut richtige Entscheidung für Lukas. Es ging ja vor allem darum, ihn aus dieser Haltlosigkeit herauszukriegen, die gerade in der heimatlichen Provinz vorherrschte. Im Supermarkt bekam ich das Tuscheln der Leute genau mit: Das sind doch die Mutter und Schwester von der, die sich aufgehängt hat … und so weiter. Lukas hätte sich das alles mitanhören müssen. Ich muss sagen, wir haben das alle zusammen in den ersten Jahren gut geschaukelt, gerade auch, weil mein Bruder Vormund war.

Im Zuge dieser Entscheidung musste eine Menge organisiert werden. Unser ganzes Leben krempelte sich von heute auf morgen um. Ralf und ich waren vor kurzem nach Berlin gezogen und wussten selber gerade nicht, ob und wie es mit uns beiden weitergehen würde. Schnell war klar: es muss eine neue Wohnung gesucht werden, eine Schule in der Nähe gefunden, eine Kinderfrau. Parallel holten wir Lukas immer wieder in längeren Abschnitten hierher. Bis der kleine Junge zu uns zog, hatte ich ihn vielleicht erst fünfmal gesehen und Ralf zweimal oder dreimal. Näher kannten wir uns gar nicht.

Woher ich die Kraft für all das nahm und heute noch nehme, das kann ich selbst nicht sagen. Du machst es dann einfach. Das gibt dir auch ein gutes Gefühl, Selbstvertrauen fürs Leben, dass dich eigentlich nicht mehr viel aus den Socken hauen kann. Das ist gut.

Ich hatte mir bis zu dem Selbstmord meiner Schwester immer gesagt: Jeder hat das Recht auf einen selbstbestimmten Tod, also auch auf Selbstmord. Das ist das letzte Recht, das man hat. Ich war eigentlich immer dafür, ihn anzuerkennen, diesen Schritt. Das bin ich jetzt nicht mehr. Denn ich finde, man darf nicht so viel Schmerz hinterlassen.

Diese Art von Trauer hat eine ganz andere Qualität als die, die ich beim Verlust meines Bruders empfunden habe, der ein paar Jahre später starb. Bei Sandra bleibt immer ein Schuldvorwurf, da bleibt immer eine Angst. Du fragst dich, was du versäumt hast, welche Fehler du gemacht hast. Warum hast du das bei dem Telefonat gesagt? Oder warum hast du es nicht gesagt? Wieso konnten wir sie nicht halten? Es bleibt ein unterschwelliges Schuldgefühl.

Bücher haben mir in der Zeit danach sehr geholfen, denn darin fühlte ich meinen Schmerz anerkannt. Ich habe vor allem Bücher gelesen, in denen Angehörige schrieben, die einen Suizid in der Familie erlebt haben. Ein Buch zitierte eine Studie amerikanischer Wissenschaftler, nach der Angehörige von Selbstmördern ein Ausmaß an Stress erleben wie sonst nur Kriegsopfer oder Überlebende eines Konzentrationslagers. Weil sie zusätzlich zu dem Verlust noch die Tatsache bewältigen müssen, dass der Verstorbene seinen Tod selbst herbeigeführt hat.

Und dann ist da noch dieser Druck, diese Last, die dir von außen auferlegt wird. Denn wenn ich den Menschen von Sandras Selbstmord erzählt habe, dann haben sie zwar nichts gesagt, aber in ihren Augen konnte ich sehen, wie sie sie verurteilt haben: »Eine alleinerziehende Mutter? Mein Gott, das arme Kind, wie konnte sie nur …« Natürlich haben wir uns in der Familie diese Frage auch gestellt, aber letztendlich muss man akzeptieren, dass Sandra krank war, dass Depressive den Weg in den Selbstmord nicht freiwillig und mit klarem Verstand wählen. Es ist diese teuflische Krankheit, die sie dazu treibt.

Diese Verurteilung von Dritten zu spüren ist doppelt schmerzhaft. Denn sie torpediert den Menschen, der vor der Krankheit da war – im Falle meiner Schwester eine selbstständige, erfolgreiche, lebensbejahende Frau, die ihren Sohn über alles geliebt hat. Wenn jemand Selbstmord begeht, dann ist das als Tat und Aussage ja so groß, dass der Mensch dahinter verloren geht. Und als Angehöriger verliert man ihn irgendwie doppelt.

Meinem Empfinden nach ist meine Schwester ein Pharma-Opfer. Sie war eine Person, die nie Tabletten genommen hat, nie hat nehmen müssen, Gott sei Dank. Diese Tabletten damals hat sie dann einfach so geschluckt, ohne darüber nachzudenken. Sie ist aus dieser Klinik – skandalöserweise – entlassen worden mit einem Schreiben und einer Empfehlung, weiterhin diese Tabletten zu nehmen und einen Psychiater zu sehen. Aber das überprüft niemand. Solche Patienten müssten doch alle engmaschig überwacht werden. Denn wenn du den Beipackzettel nicht liest und dich nicht daran hältst, dann reißen dich solche Tabletten mit ziemlicher Sicherheit ins Verderben. Das Wort Selbstmordgefahr steht im Beipackzettel! Ich hatte in der Klinik angerufen und dem behandelnden Arzt erzählt, dass Sandra sich selber getötet hatte. Der war fertig mit den Nerven. Er meinte, im Traum sei sie dafür keine Kandidatin gewesen.

Eine wirklich schöne Fügung dieses traurigen Erlebnisses ist: Dass Ralf und ich von heute auf morgen einen Sohn hatten, hat uns eng zusammengeschweißt. Wir waren nämlich zum damaligen Zeitpunkt nach mehreren Krisen beinahe schon getrennt. Aber mit dieser komplett lebensverändernden Überraschung, Lukas zu uns zu holen, haben wir übereinander gelernt, dass wir sehr ähnliche moralische Erziehungswerte und -vorstellungen haben. Das war uns vorher gar nicht so klar, vor allem auch, weil Ralf ja nie Kinder haben wollte. Natürlich gab es auch weiterhin jede Menge Krisen. Du stellst dir unvermeidlich auch die Frage: Bleibt er jetzt nur, weil er sich verpflichtet fühlt? Und auch das Gefühl, ich muss das Ganze jetzt durchziehen, ob es mir in der Beziehung gefällt oder nicht. Gerade wenn du ein Kind annimmst, willst du ja alles noch besser machen. Es muss alles richtig sein. Du darfst überhaupt keine Fehler machen.

Manche sagen ja, der Verlust eines geliebten Menschen habe sie über die Jahre gelassener dem Leben gegenüber gemacht. Weil das denkbar Traurigste schon passiert ist und sich jede Alltagssorge relativiert. Ich selber bin eher ängstlicher geworden, dass wieder jemand stirbt, der mir nahesteht. Diese Angst rührt sicher auch daher, dass einige Jahre nach Sandras Tod mein Bruder starb. Dahinter verblasste der Tod meiner Schwester fast, denn dieses Mal war ich dabei.

Das war im Winter, und ich war nur zufällig zu Hause, weil ich die Pflege meiner Eltern für ein paar Tage übernommen hatte. Ich kam an einem Sonntag, abends saßen wir alle noch zusammen. Auch am nächsten Abend saßen wir noch zusammen, da kam mir mein Bruder ein bisschen sorgenvoll vor, zurückgenommen.

Am Morgen darauf war ich aufgestanden und mit dem Hund draußen gewesen. Als ich zurückkam, klingelte das Telefon. Meine Schwägerin war dran: »Johanna, kannst du kommen?« Dann: »Komm schnell.« Ich fragte: »Was ist los?« Sie sagte nur: »Komm schnell.«

Es hatte geschneit an dem Morgen, erst mal habe ich das Auto vom Schnee freigeschaufelt, bin aber so, wie ich war, los, denn ich wusste, es ist dringend. Ich wusste, es muss etwas mit dem Hund oder mit meinem Bruder sein. Das habe ich sofort gehört an ihrer Stimme. Es war klar, es ist etwas Existenzielles.

Vor der Haustür meines Bruders war sein Auto nicht zu sehen, und ich weiß noch, wie ich dachte: Gott sei Dank, es ist nur der Hund. Nicht wissend, dass mein Bruder in die Garage reingefahren war. Ich lief hoch ins Schlafzimmer, und dann lag er dort auf dem Bett in T-Shirt und Unterhose, die Beine auf dem Boden, also seitlich auf dem Bett. Meine Schwägerin sagte nur: »Sprich mit ihm, ruf ihn. Ich gehe raus und gucke, dass der Krankenwagen kommt.«

Im Nachhinein muss ich sagen, er hat nur noch einen Schnaufer getan, während ich da oben war, dann liefen die Lippen blau an. Es war klar, dass er tot war. Die Notärzte sagten hinterher: »Selbst wenn wir danebengestanden hätten, hätten wir ihn nicht mehr wiedergeholt, weil es wahrscheinlich schon der zweite oder dritte Infarkt war.«

Ich wusste von all dem nichts. Nicht, dass Ulrich hohe Cholesterinwerte hatte, dass er deutliche Anzeichen von mindestens einem oder zwei Herzinfarkten hatte und auch darüber gesprochen wurde: »Du musst zum Arzt gehen.« Das habe ich alles erst später gehört.

Da in dem Zimmer habe ich ihn laut angeredet, während er auf dem Bett lag, und habe alles versucht, in Kontakt mit ihm zu kommen. Ich wusste ja nicht, dass es das Herz ist, ich wusste gar nichts. Er hätte Gott weiß was haben können.

Es dauerte ewig, bis der Krankenwagen kam, weil es heftig schneite. Endlich kamen sie. Erst verließ ich das Zimmer, hörte dabei aber noch ganz schnell die Worte »akuter Herztod«. Daraufhin bin ich sofort wieder reingegangen und habe mir das ganze Schauspiel angeguckt, wie sie mit dem Defibrillator arbeiteten, wie der Körper meines Bruders immer wieder hochging. Ich konnte einfach nicht weggehen, weiß noch, wie ich in diesem Raum an einem Heizkörper klebte. Ich musste mir das bis zum Schluss angucken. Es war wie im Film, und ich dachte: Was machst du jetzt? Was machst du jetzt? Meine Eltern! Ulrichs Tod hat den von Sandra noch in den Schatten gestellt.

Vor einiger Zeit hat mir eine Freundin erzählt, dass sie jetzt seit acht Tagen mehr auf ihre Gesundheit achte und so fröhlich sei. Sie sagte, dass sie lange nicht mehr so fröhlich gewesen sei. Da habe ich überlegt: Ich weiß gar nicht mehr, wann ich zuletzt fröhlich war. Man lacht mal oder hat auch einen ausgelassenen Abend oder Tag, das ist gar keine Frage. Aber das Wort »fröhlich« beinhaltet für mich so etwas Unbeschwertes, Leichtes, Klingendes, und das habe ich nicht mehr. Nach dem Tod meines Bruders habe ich wirklich das Gefühl gehabt, meine Seele hat einen Knacks gekriegt. So tief ging das. Das war irgendwie eines zu viel. Seitdem fällt mir das Fröhlichsein schon schwer.

Angst vor meinem eigenen Tod habe ich überhaupt nicht mehr. Vor Sandras Tod hatte ich Flugangst und vor diesem und jenem Angst. Das habe ich alles nicht mehr, weil ich tatsächlich durch diesen Tod erst begriffen habe, dass jemand, der neben dir sitzt, mit dem du dieselbe Luft einatmest, der fast dasselbe Alter hat, von derselben Familie ist, dass der wirklich stirbt, da ist mir erst bewusst geworden: Tatsächlich, ja, auch ich werde sterben müssen. Du weißt es ja selber, aber du drängst es weg. Erst dadurch ist mir das klar geworden.

Das hat auf der anderen Seite vieles leichter gemacht, so ist zum Beispiel meine Flugangst verschwunden. Ich lege zwar keinen Wert darauf, morgen zu sterben, aber ich habe das Gefühl, wenn es so ist, dann ist es in Ordnung. Ich habe davor keine Angst mehr.

Ich habe nur noch Angst, so etwas noch einmal zu erleben. Davor habe ich richtig Panik. Um Ralf und Lukas habe ich totale Angst. Ich fasse manchmal nachts neben mich und prüfe, ob Ralf noch atmet, weil ich solche Angst habe, das noch mal zu erleben. Ich will jederzeit lieber selber sterben, als noch mal an so einem Grab zu stehen. Das möchte ich nicht mehr.

Ansonsten finde ich es eigentlich wirklich erstaunlich, wie der Alltag sich einschleift. Vielleicht ist es bei uns auch speziell, weil wir uns immer sofort nach der Beerdigung eine Aufgabe gesucht haben.

Ich habe es ja bei beiden Todesfällen gar nicht zugelassen, irgendwo anzuhalten, vielleicht auch mich hängen zu lassen, jedenfalls länger zu trauern. Meine Schwägerin ist ein ganzes Jahr nicht in ihren Job zurückgekehrt, was ich total gut verstehen kann. Das wäre für mich aber keine Option gewesen. Weiterleben war für mich weiterarbeiten, organisieren, das Nötige tun. Nach Ulrichs Tod musste das ganze Zuhause meiner Eltern aufgelöst werden – da hat meine Schwester Heike sehr geholfen. Ich musste innerhalb weniger Wochen einen bezahlbaren Heimplatz für beide in Berlin suchen, alles neben meiner Arbeit.

Ich würde aber nicht sagen, dass ich nicht getrauert habe. Für mich sind tägliche Waldspaziergänge mit meinem Hund ganz wichtig. Der Wald ist für mich ein reinigender Ort. Dort bin ich meinen Geschwistern nahe. Ich habe mir angewöhnt, mit den Toten zu reden. Auch wenn ich ein Problem habe, da können Sie mich für verrückt erklären, aber dann helfen die mir auch. Die helfen mir. Wenn ich nicht weiterweiß, dann spreche ich sie an: Passt mal auf, Leute, ich habe folgende Situation. Dann sind die bei mir. Da kommt was zurück. Und das ist vielleicht eher meine Art, damit umzugehen, dass ich versuche, meine Geschwister in mein Leben reinzuholen.

Ich habe eigentlich das tiefe Gefühl, dass wir die Nummer mit Lukas auch mit meiner Schwester zusammen gemacht haben. Also im Herzen mit ihr. Sie war schon dabei. Zum Beispiel, dass wir diese tolle Kinderfrau gefunden haben. Die hat der Himmel geschickt. Auch, dass Lukas auf eine sehr gute evangelische Schule geht. Es hilft mir zu denken, sie sind nicht weg, meine Geschwister. Sie sind doch noch Teil des Ganzen.

Heute bin ich kein Mitglied der Kirche mehr, obwohl ich katholisch erzogen wurde. Und dafür bin ich auch sehr dankbar, eigentlich, weil ich dadurch ganz tief in mir den Glauben an ein Leben nach dem Tod habe. Diesen Glauben hast du, oder du hast ihn nicht. Ich hinterfrage das gar nicht. Ich spüre das in mir, dass es so ist.

Und das hilft natürlich auch. Und ich muss sagen, bei diesen ganzen Todesfällen kann die Kirche schon, wenn du an gute Leute kommst, total hilfreich sein. Es gab auch Momente, in denen ich tatsächlich in Erwägung gezogen habe, noch mal einzutreten. Dann wahrscheinlich eher in die evangelische, aber vielleicht auch nicht. Vielleicht ist mir die katholische Kirche näher.

Auf jeden Fall haben Ralf und ich die Auswahl der Schule für Lukas sehr bewusst getroffen. So erhoffen wir uns, dass vielleicht jemand für ihn da ist, der ihm den Weg zeigen kann oder ihn an die Hand nimmt, wenn er in einer verzweifelten Situation ist oder eine existenzielle Frage hat.

Lukas Feldmann

Mit dem Selbstmord bekommt der Tod etwas Sinnloses

Als ich nach Berlin kam, ging ich nach der Schule ein oder zwei Mal die Woche zu einer Psychologin, um den Selbstmord meiner Mutter zu verarbeiten. Ich kann mich aber ehrlich gesagt nicht erinnern, dass ich mit der Therapeutin auch nur einmal darüber geredet habe. Ich habe mit ihr immer Kicker gespielt. Johanna, meine Adoptivmutter und die Schwester meiner Mutter, fragte mich dann: »Wie läuft es? Redet ihr auch über den Tod deiner Mutter?«, und ich sagte ihr: »Nein, über so was rede ich doch mit der nicht.«

Daraufhin hat Johanna die Therapie wieder beendet. Ich hatte nie das Bedürfnis, mich der Psychologin anzuvertrauen. Vielleicht geht das bei Menschen, die älter sind, aber ich habe damals Hemmungen gehabt oder gar nicht darüber nachgedacht. Ich habe mit ihr lieber gekickert. Ich war ja auch erst sechs.

Ich weiß noch, es war so: Meine Mutter hatte gependelt. Sie hat in der Stadt gearbeitet und ist dann an den Wochenenden aufs Dorf gekommen, wo ich gewohnt habe. Irgendwann hat sie die Arbeit in der Stadt aufgegeben und einen eigenen Laden bei uns auf dem Land eröffnet. Das war so ein Einrichtungsladen, in dem man Küchenlampen und solche Sachen gefunden hat. Wenn meine Mutter in Holland oder anderswo unterwegs war, um für ihren Laden einzukaufen, habe ich immer bei meinen Großeltern übernachtet. Die lebten in einem kleinen Nachbarsort.

An dem Tag, an dem sie wiederkommen sollte, gab es keine Nachricht von ihr. Ich habe mich gewundert: Schlafe ich jetzt hier oder übernachte ich zu Hause, wie ist das jetzt? Dann habe ich mehrmals angerufen, es ging aber keiner ran. Mein Opa hat immer mit seinen Freunden aus dem Dorf telefoniert, deswegen wusste ich schon mit meinen damals fünf Jahren, wie ein Telefon funktioniert. Dann habe ich mich nicht weiter damit beschäftigt und habe halt bei meinen Großeltern übernachtet.

Ich weiß nicht, wie lange danach, vielleicht ein paar Tage später, war ich dann wieder mit meinem Onkel Ulrich unterwegs, dem Bruder meiner Mutter. Meine Großeltern hatten eine Schreinerei. Plötzlich standen vor der Schreinerei Tausende von Autos. Also ganz, ganz viele Autos. Normalerweise stand da nur ein Auto von irgendeinem Bediensteten oder so.

Als wir reinkamen, waren Johanna und Heike da, meine beiden Tanten, mein Onkel Ulrich natürlich und seine Frau. Und, ja, genau, meine Kinderärztin. Die saßen alle im Wohnzimmer beim Fernseher im Kreis und haben mir das dann erzählt. Die Kinderärztin hat mir ganz nüchtern gesagt: »Lukas, deine Mutter ist verstorben.«

Ich glaube, dann war kurz Stille, weil ich das gar nicht so richtig realisiert habe, aber dann habe ich angefangen zu weinen und die ganze Zeit gerufen: »Ich will zu meiner Mama!« Irgendjemand hat mir ein Glas Wasser gebracht. Was danach passiert ist, weiß ich nicht mehr. Aber ich glaube, danach war ich erst mal fertig. Ich weiß auch nicht mehr, wo ich dann übernachtet habe, vermutlich bei meinen Großeltern.

An die Beerdigung meiner Mutter erinnere ich mich nicht mehr so wahnsinnig gut. An den Gottesdienst habe ich noch ein paar kleine Erinnerungen, vor allem die, dass ich zum ersten Mal vor sehr vielen Leuten namentlich erwähnt wurde. Der Pastor sprach mir vor allen sein Beileid aus. Das fand ich irgendwie komisch. Und dann kann ich mich noch an die Szene erinnern, als der Sarg aus der Kirche getragen wurde: Meine kleine Cousine ging voran mit dem Kreuz. Wir hatten so ein Kreuz, auf dem der Name meiner Mutter und das Geburts- und Todesdatum draufstanden.

Dass ich in Berlin aufwachsen werde, wurde mir so nie gesagt. Erst im Nachhinein habe ich erfahren, dass das schon von Anfang an feststand, also dass es auch keine andere Möglichkeit gab. Eigentlich hatte meine Mutter vorgesehen, dass ich bei meinem Onkel Ulrich bleiben sollte. Meine Tante Johanna und ihr Mann Ralf meinten aber sofort: »Wir würden Lukas auf jeden Fall übernehmen.« So wurde es mir hinterher erzählt. Als die beiden immer öfter zu Besuch kamen und wir uns Schritt für

Schritt immer besser kennenlernten, habe ich irgendwann von selber gesagt: »Ich könnte doch auch nach Berlin kommen.«

Mein erster Besuch war kurz nach Silvester. Ich war total erschrocken, wie dreckig diese Stadt ist. Das kannte ich vom Land nicht. Eigentlich habe ich mich aber trotzdem sofort wohlgefühlt, obwohl ich die Wohnung nicht mochte. Ich weiß noch, ich hatte ein U-förmiges Zimmer und schlief in einer Nische. Das gefiel mir nicht. Da habe ich irgendwie immer Angst gehabt.

Ich weiß nicht, ob es mit dem Tod meiner Mutter zusammenhing. In der Zeit danach habe ich auch erstmal bei meinen Großeltern im Bett geschlafen, was ich vorher nie gemacht hatte. Hier in Berlin zogen wir dann auch bald in eine andere Wohnung, in der ich seither ein schönes Zimmer habe.

Ich habe das Gefühl, dass ich ab dem Moment, als ich in Berlin war, gar nicht mehr so viel darüber nachgedacht habe, was zu Hause ist. Es kann auch gut sein, dass, je jünger man ist, man so einen Tod der Mutter schneller verarbeitet. Ich fand es jedenfalls alles wahnsinnig aufregend hier in Berlin. Mit einem Freund von Ralf bin ich zum ersten Mal Cabrio gefahren, das fand ich super. Das sind die ersten Erinnerungen, die ich an Berlin habe.

Ralf und Johanna haben mich überallhin mit genommen, ins Büro, zu ihren Freunden, ich durfte mit dem Hund spielen. Bestimmt habe ich zwischendurch nochmal um meine Mutter geweint, aber was mir von dieser

Zeit eher hängengeblieben ist, ist meine Aufregung über die vielen neuen Sachen.

Heute finde ich den Selbstmord meiner Mutter schon sehr fragwürdig. Ich weiß nicht, wie spontan sie diesen Entschluss gefasst hat. Ich weiß nicht mal, was mein letztes Gespräch mit ihr war. Eine der letzten Erinnerungen ist, dass ich mit ihr vor der Haustür stehe und diskutiere, wie lange ich jetzt Fernsehen gucken darf. Ganz banal eigentlich. Ich finde es halt fragwürdig, dass sie so aus dem Leben tritt, ohne sich zumindest von mir zu verabschieden. Vielleicht war ihr Entschluss aber auch ganz spontan.

Meine Oma hat mich damals immer den »Tatort« mitgucken lassen, was wahrscheinlich nicht so gut war. Denn ich habe damals zuerst gedacht, dass sie ermordet worden wäre. Weil mein Onkel die Scheibe ihrer Wohnung eingeschlagen hat, um reinzukommen und zu gucken, was los ist. Da hatte ich zuerst die Horrorvorstellung, dass sie ermordet wurde. Das weiß ich noch. Aber ein paar Tage später wurde ich dann ja aufgeklärt. Damals hatte ich das nicht kapiert, was das bedeutet, Selbstmord. Ich konnte damit noch nichts anfangen.

Meinen Vater kenne ich gar nicht. Ich habe auch nie ein Bild von ihm gesehen. So wie es mir erzählt wurde, hat er sich auch nie für mich interessiert. Er meinte wohl immer: »Nein, das ist nicht mein Sohn.« Obwohl er als Einziger in Frage kam, weil meine Mutter keine anderen Partner hatte zu der Zeit. In meiner Geburtsurkunde steht auch kein Name von ihm, nur der Name meiner Mutter und ein Strich bei »Vater«. Das Einzige, was ich über ihn weiß, ist, dass er angeblich Martin heißt und eine Brille trägt.

Ich hatte mir früher mal vorgenommen, meinen Vater kennenlernen zu wollen, wenn ich 16 bin, aber bisher habe ich mich davor gedrückt, weil ich mir denke, er hat sich 17 Jahre lang nicht für mich interessiert, warum sollte er jetzt Lust haben, mich zu treffen. Und ich brauche es ja nicht. Ich habe eine tolle Familie, Ralf und Johanna sind wahnsinnig tolle Eltern. Deswegen habe ich eher Angst, dass eine Begegnung mit meinem leiblichen Vater eine unnötige Enttäuschung würde.

Der Tod meines Onkels hat mich ehrlich gesagt mehr getroffen als der Tod meiner Mutter. Denn zu der Zeit des Wechsels nach Berlin war Ulrich meine wichtigste Bezugsperson. Wir haben noch drei, vier Jahre danach alle zwei Tage telefoniert und meistens über Fußball gesprochen. Wir hatten sehr intensiven Kontakt zueinander. Bis zu seinem Tod bin ich fast in jeden Ferien bei ihm auf dem Land gewesen. Ich war ein Jugendlicher, als er starb.

Mir wurde danach sehr viel geholfen, ich glaube, es wäre ein großes Problem gewesen, wäre ich alleingelassen worden. Ich kann mich an keinen Moment erinnern, an dem ich damals alleine war. Auch heute noch habe ich Kontakt zu den Freunden meines Onkels. Er hatte damals in so einer Senioren-, Altherren-Fußballmannschaft gespielt, und die fragen immer noch: Kommt Lukas denn nochmal vorbei? Wenn ich da bin, besuche ich auch immer noch den besten Freund meines Onkels. Er ist Spanier und hat eine Pizzeria in der Gegend.

Man härtet irgendwie ab, habe ich das Gefühl, was den Tod anbelangt. Es fällt mir mittlerweile wahnsinnig schwer zu weinen bei Beerdigungen. Keine Ahnung, vielleicht habe ich da mein Kontingent schon aufgebraucht. Es ist ja nicht nur die Familie mit diesen Verlusten, sondern wir, Ralf, Johanna und ich, haben auch viele Freunde gehabt, die gestorben sind. Man schafft so eine Barriere um sich herum. Ich will nicht gerade sagen, man lebt in einer Blase, aber irgendwie lässt man das nicht mehr so an sich ran. Vielleicht weil man es einfach schon so stark erlebt hat.

Kurz nach dem Tod meiner Mutter habe ich meinen Onkel bei einem Spaziergang gefragt, ob er an Gott glaubt. Er meinte damals: »Nein, nicht mehr.« Weil Gott ihm seine Schwester genommen habe.

Man wird dann schon ein bisschen skeptisch. Wie kann es einen Gott geben, wenn es so viel Leid auf der Welt gibt? Diese Theodizee-Frage haben wir irgendwann auch mal im Schulunterricht behandelt. Warum ändert Gott das nicht? Warum lässt er die Menschen nicht am Leben, und alle sind glücklich?

Ich würde jetzt nicht sagen, ich glaube an Gott, aber die Vorstellung von einem Leben nach dem Tod finde ich schon ein wenig beruhigend. Vielleicht auch, weil ich noch relativ jung bin. Vielleicht denke ich darüber in 70 Jahren anders. In der Schule behandeln wir auch viele ethische Fragen. Wir fangen jetzt gerade an mit Gotteskritik. Und da frage ich mich dann: Warum eigentlich immer ich? Darüber habe ich auch mit Johanna oft gesprochen: Warum eigentlich immer wir? Warum lässt der Herrgott das bei uns zu? Und da fragt man sich halt: Gibt es da oben überhaupt jemanden, der das angeblich alles steuert, oder nicht? Leider kommt man nicht zu einer Antwort. Ich glaube, wenn es eine Antwort gäbe, wäre das Leben ein bisschen einfacher.

Vermutlich kann ich bei diesem Thema anderen ganz gut helfen, die Ähnliches erleben. Einem Mädchen bei uns in der Klasse, deren Mutter einen Autounfall hatte, im Krankenhaus lag und lebensgefährlich verletzt war zum Beispiel. Mittlerweile ist wieder alles gut, und sie kann ihr Leben wieder normal leben. Aber als das passiert war, habe ich mich mit ihr unterhalten und ihr gesagt: Wenn sie irgendwelche Fragen hat, kann sie zu mir kommen.

Man hat halt wahnsinnig viel Erfahrung. Wer so einen Verlust erlebt hat, weiß auch eher, wie weit man bei Mitmenschen gehen darf, die dasselbe durchmachen. Also, was spricht man besser nicht an. Wenn jemand gerade in Tränen aufgelöst ist, dann, denke ich, sollte man vielleicht erst mal gar nichts sagen, sondern einfach nur da sein, einfach nur zeigen: Du bist nicht alleine. Und wenn jemand Redebedarf hat, dann reicht es meistens, einfach nur zuzuhören.

Ich könnte mir vorstellen, dass wenn jemand, der noch nie so etwas erlebt hat, plötzlich vor einem Menschen steht, der seinen Bruder oder seinen Vater oder seine Mutter verloren hat, gar nicht weiß, wie man sich verhalten soll.

Mit dem Selbstmord bekommt der Tod etwas Sinnloses, finde ich. Wenn jemand vom Laster überfahren wird oder auf eine unnatürliche Weise stirbt, für die man nichts kann, denn denkt man sich, das konnte ich jetzt auch nicht verhindern. Aber sich selber das Leben zu nehmen, das ist unendlich sinnlos. Da denke ich mir: Hättest du dich doch jemandem anvertraut. Deine Probleme hätte man doch bestimmt lösen können. Ich finde so einen Selbstmord auch ein bisschen egoistisch. Denn wer das macht, stürzt damit so viele andere Menschen ins Leid.

Barbara Obermeyer

Einen Mann reißt es dir von der Seite,
aber ein Kind reißt es dir aus dem Herzen

Wir waren fünf Kinder, alle sind wir im Abstand von
zwei Jahren geboren. Bis aufs Annerl und Peterl, die waren vier Jahre auseinander, sonst eben zwei. Ich bin die
vorletzte, und die jüngste war das Katherl. Das Katherl ist
geboren im Oktober 1937. Auf alle Fälle war das ein sehr
schönes Kind, aber schon als sie noch ganz klein war, hat
sie gekränkelt. Dann ist der Doktor zu uns auf den Bauernhof am Tegernsee gekommen, der Dr. Christian. Das
war so ein Kerzengerader, aber ein guter Doktor. Da hat
Mama zum Doktor gesagt: »Schau mal bei der Katherl
in den Mund, das schaut aus, als bekäme sie einen zweiten Kiefer.« Dann hat er reingeschaut: »Denk dir nichts«,
hat er gesagt, »der gibst du höchstens die Flasche immer
auf der Seite.« Da war sie noch ganz klein. Trotzdem hat
das Katherl einfach immer ein bisschen gekränkelt, in der
Nacht geschnarcht, was ein Kind normal ja nicht macht.
Sie hat immer nach Luft gerungen. Meine Geschwister waren ja schon älter. Die haben sie richtig verzogen,
weil sie einfach anders war. Wenn Kinder zum Spielen
da waren und sie gestritten haben, dann ist das Katherl
zur Mama gegangen und hat gesagt: »Gell Mama, das sind

wüste Kinder?« Sie war von Kind weg ein Engel. Sie hat auch ausgeschaut wie ein Engel. Blonde Locken. Anders als die anderen. Und dann ist es immer schlimmer geworden mit ihrer Atmung. Sie kam ins Krankenhaus nach Tegernsee. Die haben gesagt, die Mandeln müssten geschält werden, nicht rausoperiert, sondern nur geschält. Es war aber nichts besser geworden. Das Dirndl ist immer weniger geworden. Da hat eine Krankenschwester zur Mama gesagt: »Frau Bachmeier, ich gebe Ihnen einen Rat: Fahren Sie mit dem Kind nach München in die Klinik.« Das haben sie dann alles organisiert. Man muss sich das einmal vorstellen: damals mitten im Krieg nach München! Im Krieg hatte ja kein Mensch ein Auto. Bis wir überhaupt mal jemanden aufgetrieben hatten, der Mama mit dem Katherl auch nur nach Tegernsee gefahren hatte. Und jetzt München! Um halb fünf in der Früh hatte Mama das Katherl hier an diesem Tisch sitzen und hat ihr die Strümpfe angezogen. Das war vor über 70 Jahren. Dann hat das Katherl die Mama in die Arme genommen und gefragt: »Wie lange muss ich denn bleiben?« Im Krankenhaus. Ohne dass irgendjemand gesagt hat, dass sie überhaupt ins Krankenhaus muss. Aber sie wusste genau Bescheid. Was es heute nie geben würde und was Mama so wehgetan hat, war die Tatsache, dass das Kind von der Mutter getrennt wurde. »Ich bin mit dem Kind da drin gewesen, sie haben es mir aus dem Arm gerissen, und weg war sie.« Heute darf man ja bei dem Kind bleiben. Die Mama hat gedacht, sie reißen ihr alles raus. Schweren Herzens ist sie heimgefahren. Und dann waren da die Fliegerangriffe. Was meinen Sie, was die Mama geweint hat daheim? Sie ist auf den Berg raufgelaufen, an ihren Trostort. Dein Kind liegt allein in München in der Klinik, es gibt Bombenangriffe, und du stehst daheim und schaust zu. So muss das für sie gewesen sein. Immer, wenn die Flieger nach München durchgeflogen sind zum Bombardieren, sind auch wir Geschwister hochgelaufen und haben ins Tegernseer Tal reingeschaut. Es war unheimlich.

Mama ist immer wieder nach München gefahren, um das Katherl zu besuchen. Monatelang lag das arme Kind im Krankenhaus. Tonsillengeschwulst hat das damals geheißen, was bei ihr diagnostiziert wurde. Heute würde man sagen Kehlkopfkrebs, irgend so etwas. Als die Mama wieder dort war, hat sie irgendwann gesagt: »So, und jetzt nehme ich mein Kind mit. Sterben kann es daheim auch.« Da war meine Schwester schon bloß noch Haut und Knochen.

Die Frau Reichenbach – ihr Mann war Bürgermeister – war Mamas beste Freundin. Sie war eine richtig gute Frau. Sie hat ihr einen Schlitten geliehen, einen mit Aufsatz. Sie haben das Katherl in eine schöne Wolldecke gewickelt und auf den Schlitten gesetzt. Und dann hat die Frau Reichenbach ihr eine wunderschöne Puppe geschenkt, als sie sie in Tegernsee abgeholt haben. Ich sehe heute noch, wie Mama von der Sonnenleit reingekommen ist, aus der Querstraße, wie sie den Schlitten mit unserer kleinsten Schwester hinter sich her zieht und wir

Geschwister ihnen entgegenkommen. Mei, das Katherl hat ausgeschaut! Dann hat sie zu meinem Bruder gesagt – ich sage heute noch Peterl zu ihm: »Beda. Beda.« Ganz steif. Sie konnte ja nicht mehr reden, nicht mehr schlucken. Sie musste verhungern und verdursten. Und sie hatte auch Luftnot. An einem Sonntag auf die Nacht hat sie eine halbe Brezel gegessen. Können Sie sich vorstellen, wie glücklich Mama war? Sie hat gedacht, jetzt geht es aufwärts.

In der Früh, da waren sie noch nicht im Stall, das weiß ich noch gut, ist die Mama gekommen und hat gesagt: »Kommt schnell.« Sie hat das kleine Katherl auf dem Arm gehabt. »Sie ist erstickt.« Hat einfach keine Luft mehr bekommen. Das war im Winter 1942, Februar. Mit fünf Jahren ist sie gestorben. Ich war damals sieben, Annerl war schon elf Jahre alt. Das Katherl war sogar im Leichenhaus aufgebahrt. Davon muss es auch irgendwo noch ein Foto geben, wie sie dort aufgebahrt lag. Das kann man sich nicht vorstellen, was das für ein schönes Dirndl war. Ich sehe es heute noch vor mir. Ich weiß noch gut, als die Beerdigung war, ist die Mama an den offenen Sarg hingegangen und hat sie noch mal in den Arm genommen. Sie nahm ihren Kopf hoch, in ihre Hände.

Ich muss ehrlich sagen, das verändert eine ganze Familie, wenn so etwas ist. Der Papa ist nur im Haus auf und ab gegangen, er hatte keine Ruhe mehr. Auch wir Geschwister hingen alle so an dem Dirndl. Und die Mama natürlich sowieso, das Katherl war ja von klein auf ihr

Sorgenkind, und an so einem Kind hängt man ja noch mehr. Ob wir untereinander über ihren Tod geredet haben, erinnere ich nicht mehr so genau. Die Arbeit auf dem Hof bringt einen aber darüber weg. Es waren ja die Viecher da und vier andere Kinder. Und es ist die Mama gewesen, die die Familie danach zusammengehalten hat. Die Frau hatte eine ganz große Stärke in sich. Ich weiß noch gut, wie ich viele Jahre später von meinem ersten Mann heimgekommen bin. Ich hatte mich schon nach einem Jahr Ehe von ihm scheiden lassen und wollte das so. Aber ich habe halt trotzdem viel geweint. Da hat sie gesagt: »Weißt du was, Barbara, du gehst jetzt mit dem Peterl auf den Berg und arbeitest.« Da oben haben wir eine Wiese, rechts von der Moni Alm, und dort häufte mein Bruder Peterl immer das Heu in die Taschen. Das ist eine anstrengende Arbeit gewesen. »Arbeit ist das Beste, was es gibt – für alles.« Und als das Katherl starb, war Mama auch diejenige, die gesagt hat: »Es muss weitergehen.«

Die Mama hat auch schon so viel Tod erlebt. Das hat sie robust gemacht. Vielleicht waren es auch die Umstände. Im Zweiten Weltkrieg sind in einem Jahr drei ihrer Geschwister gestorben. Nur als Beispiel: Der Vater meiner Mama hatte im Holzschuppen zu tun, ich war auch dabei, und da kam Mama und sagte: »Papa, der Korbinian ist gefallen.« Das war ein Bruder von Mama. Er war in Rottach verheiratet und hatte zwei Kinder. Davon haben wir nachher eines genommen. Opa hat geflucht. Er hat so geflucht! Er sagte: »Jetzt haben sie uns den auch noch genommen.« Sie müssen sich vorstellen, der Korbinian ging mit 18 in den Krieg. Kaum war er im Krieg, ist er gefallen. Der Seppl, sein Bruder, muss ein bildschöner Mensch gewesen sein, ist mit 21 Jahren an offener Tuberkulose gestorben. Die Terese ist mit 19 Jahren gestorben. Und dann noch ihre Mutter mit 54 Jahren. Das hat Mama alles erlebt. Ich glaube, da muss ein Mensch hart werden, denn entweder du überlebst oder du stirbst.

Meine Mama war selber sehr krank. Auch sie hatte offene Tuberkulose. Das begann schon in den 40er-Jahren. Da ist sie mal nach Schonstett zur Erholung gefahren und einmal auch in die Schweiz nach Davos. Dort hielt sie es aber nicht lange aus und hat gesagt: »Wenn ihr mich jetzt nicht heimlasst, springe ich runter.« So sehr hatte sie Heimweh nach ihren Kindern gehabt. Der Onkel Korbinian, der da gefallen ist, der war Holzknecht, und als Mama so krank war, ist er ich weiß nicht wie viele Stunden mit dem Radl von Rottach nach Schonstett gefahren, um sie zu besuchen. Er hat gesagt: »Sofie, du musst dir einfach sagen: Ich werde gesund. Und dann wirst du auch gesund – für deine Kinder.« Mamas Wunsch war, dass der Herrgott sie so lange leben lässt, bis wir – so hat sie es immer gesagt – aus dem Schlamassel raus sind, bis wir halt aus der Schule sind. Dass sie so lange leben darf, dafür hat sie immer gebetet. Für uns Kinder war es das Allerschönste – das ist jetzt schlimm, wenn ich das sage –, dass sie ohne Papa noch so lange leben durfte. Sie wurde fast 81 Jahre alt, der Papa starb viele Jahre vor ihr, schon mit 57 Jahren.

Obwohl Mama sehr gläubig war, ist sie so gut wie nie in die Kirche gegangen. Sie war überzeugt: »Das sind nicht die Besten, die in die Kirche laufen.« Wenn eine Hochzeit oder Beerdigung war, dann ging sie natürlich schon hin, wie wir auch. Aber sonst nicht. Bei Mama zu Hause waren ja zehn Kinder, die gelebt haben, und ihre Mutter hatte nie Zeit, in die Kirche zu gehen. Sie hatten einen Geistlichen, den Prälat, der immer gesagt hat: »Mir sind die Mütter lieber, die zu Hause bleiben bei ihren Kindern, als wenn sie in die Kirche laufen und schauen, was andere Leute anhaben.« Und das war Mamas Parole: »Arbeit ist auch Gebet. Ich muss mein Christlichsein leben.« Das hat sie gemacht. Wenn sie den Waldweg raufgegangen ist oder wenn sie ihr Gebet auch unter der Heuarbeit hat sprechen können: Das war ihr genauso viel wert. Sie hat den Glauben nicht mit der Kirche verbunden, sagte oft: »Ich muss nach meinem Glauben leben, nicht nach der Kirche.« Für jeden armen Teufel, der während des Krieges gekommen ist, hat sie gesorgt. Auch zu den Nachbarskindern war sie immer so nett. Als es im Krieg überhaupt nichts zu essen gab, sind die Kinder jeden Tag zu uns in die Küche gekommen und haben irgendwas gekriegt. Immer. Kartoffeln haben wir selber angebaut. Mama hatte einen Dämpfer, so einen großen schwarzen, ich sehe ihn heute noch vor mir. Auch haben wir selber gebuttert, und es hat Buttermilch gegeben. Unser Hof war immer voll mit Kindern.

Als sie selber auf dem Sterbebett lag, hat sie gesagt: »Der Papa und das Katherl warten schon auf mich.« Den Papa hatte der Tod des Katherls sehr getroffen. Er hat nur geweint, das erinnere ich noch. Als das passierte, 1942, war die Ehe meiner Eltern noch intakt. Danach ist der Papa dann mit den Weibern umgegangen. Aber es gab nie ein Wort der Klage von meiner Mama. Meine Schwestern haben es mal gehört nachts, als er so gemein war zur Mama. Dann hat ihn meine große Schwester gepackt im Stall, aber wie! Der hat in keinen Schlappschuh mehr gepasst. Aber von der Mama kam nie ein Wort. Nie. Als der Papa gestorben ist, das werde ich nie vergessen, war das Einzige, was sie gesagt hat: »Der Herrgott hat es schon richtig gemacht.«

Nach Katherls Tod war Mama die Stärkere. Obwohl ich glaube, dass es ihr mehr wehgetan hat als dem Papa. Sie hat zu mir einmal gesagt: »Barbara, das musst du dir merken: Einen Mann reißt es dir von der Seite, aber ein Kind reißt es dir aus dem Herzen. Und das heilt nie.« Ich glaube, das ist auch so.

Katharina Salzgeber

Das können nur wenige verstehen: dass der Tod meiner Mutter ganz wichtig für mich war

In Krisensituationen bin ich oftmals zu Therapeuten gegangen. Immer, wenn ich in eine neue Stadt umzog, habe ich mir auch einen neuen Therapeuten gesucht. Jeder Einzelne von ihnen hat mich angeschaut und gesagt: »Entschuldigung, wie viele Leben erzählen Sie mir? Das kann einfach nicht sein.« Das, was ich erlebt habe und verarbeiten wollte, war selbst für die Therapeuten zu viel. Irgendwann kam ich mir albern vor und habe gemerkt: Ich darf gar nicht so viel auf die Leute laden.

Mit der Zeit habe ich gelernt, mit meiner Lebenssituation selber umzugehen. Ich kann Menschen, ohne unbescheiden klingen zu wollen, in schwierigen oder auch in tödlichen Situationen, wenn sie jemanden verloren haben, inzwischen sehr, sehr gut helfen. Weil ich eine Versöhnlichkeit mit dem Leben und dem Tod gefunden habe. Einen Weg, den ich, glaube ich, ganz gut vermitteln kann.

Es war kurz vor meinem Geburtstag. Ich war Ende zwanzig, hochschwanger und wohnte mit meinem damaligen

Mann Tom im Haus meiner Eltern in der Nähe von München. Meine Eltern waren für eine Woche nach Sardinien in den Urlaub gefahren. Dort fuhren wir oft hin, mein Onkel hat dort ein schönes Haus.

Nachts um zwei Uhr wachte ich auf, weil das Telefon klingelte. Tom hat einen wahnsinnig tiefen Schlaf, er hörte also nichts. Ich eilte zum Telefon. Eine Frauenstimme war dran, sie klang sehr merkwürdig. Diesen Klang werde ich nie vergessen. Ich dachte, es sei meine Mutter. Ich fragte: »Mama?« Aber es kam nur ein ersticktes, ganz zartes »Nein« aus dem Hörer. Es war die Frau meines Onkels, des Bruders meiner Mutter. Sie versuchte mir beizubringen, dass mein Onkel gerade seine Schwester, also meine Mutter, erschossen hatte. In einem albernen Streich. Aus Versehen.

Nach einem lustigen, feucht-fröhlichen Abend im Restaurant seien sie zu viert ins Haus zurückgekehrt. Meine Mutter sei zur Toilette gegangen, mein Onkel sei ihr gefolgt und wollte sie anscheinend mit dem Klicken seines Gewehrs erschrecken, das er im Haus auf Sardinien hatte. Einfach so, aus Spaß. Er habe ihr den Gewehrlauf an den Kopf gehalten und unter starkem Alkoholeinfluss nicht realisiert, dass er ihn nicht an ihr vorbeigeschoben habe, sondern eben an ihren Kopf hielt. Dann habe er abgedrückt. Von meiner Mutter sei nichts mehr übrig geblieben. Mein Vater habe danebengestanden.

Ich habe diese Nachricht einfach nicht verstanden, habe sie nicht aufnehmen können. Meine Tante am Telefon war fix und fertig und wurde immer fertiger, weil ich es nicht kapieren wollte. Irgendwann habe ich aufgelegt und war so durcheinander, dass ich ausgerutscht und mit meinem hochschwangeren Bauch an den Tisch geknallt bin. Ich bekam wahnsinnige Schmerzen. Auf allen vieren robbte ich zu meinem Mann ins Schlafzimmer herüber und weckte ihn auf. Dann haben wir uns diesem Unfassbaren gestellt.

Wir weckten meinen Bruder auf, der direkt in der Nähe wohnte, und fuhren zu meinen Großeltern. Es war mittlerweile vier Uhr morgens. Ich habe dieses Bild immer noch im Kopf, wie wir im Wohnzimmer meiner Großeltern saßen. Fassungslos, wie versteinert.

Wir starrten uns alle nur an. Meine Großeltern mussten die Tatsache verdauen, dass ihr Sohn ihre Tochter umgebracht hatte. Ich war hochschwanger. Mein Bruder war jünger als ich. Er hatte sich nach Jahren des Streits gerade wieder mit meiner Mutter versöhnt, und jetzt war sie tot. Mit 49 Jahren. Es war so bitter. Es war ein Desaster.

Wie ich hinterher erfuhr, ist mein Onkel wohl in dieser Nacht vom Tatort abgehauen und hat sich laut schreiend in die Macchia geflüchtet. Irgendwann fand ihn die Polizei und brachte ihn in U-Haft. Während man dort noch zu klären versuchte, inwieweit mein Onkel überhaupt Schuld an diesem Unglück hatte, wollte mein Vater nur noch weg.

Nun ist Sardinien eine Insel, und es war September. Es war kein Flug zu bekommen. Mein Bruder charterte schließlich ein Privatflugzeug, um unseren völlig verzweifelten Vater von dieser Insel wegzuholen.

Nachdem wir ihn dann wieder zu Hause hatten, versuchte er ein paarmal, sich umzubringen. Eigentlich hätte es ihm leicht gelingen können, denn er hatte von Berufs wegen Zyankali und andere Gifte im Haus. Er war forschender Botaniker. Aber irgendwie kam es nicht dazu. Mein armer Bruder hatte in der Zeit nach dem Tod unserer Mutter alle Hände voll zu tun. Ich war ja hochschwanger, es waren nur noch acht Wochen bis zur Geburt meines ersten Sohnes. Bis dahin musste ich strikt liegen. Nach dem nächtlichen Anruf meiner Tante hatte ich mich ja in den Bauch gestoßen, der Muttermund hatte sich infolgedessen geöffnet. Ich konnte weder meinen Vater noch meinen Bruder so unterstützen, wie ich es gerne getan hätte.

Die folgenden fünf Jahre waren dramatisch für mich. Das ist auch der Grund, weswegen ich in meinem heutigen Leben so gut wie kein menschengemachtes Drama mehr ertrage. Zwar habe ich eine gewisse Veranlagung dazu, bin früher immer eine Drama-Queen gewesen, aber jetzt habe ich genug Drama in meinem Leben gehabt.

Es begann mit dem wirklich brutalen Tod meiner Mutter. Mein Mann war leider in dieser Zeit nicht wirklich eine Stütze für mich, ich hatte den Eindruck, dass er damals seine eigenen großen Probleme hatte und nach diesem Schock immer mehr in Drogen einen Ausweg sah. Es wurde ihm schnell alles zu viel, die Verantwortung für mich und unser erstes Kind Nils, dann auch für unseren zweiten Sohn David, der kurze Zeit später auf die Welt kam. Der Druck, als junger Autor Geld verdienen zu müssen, hat ihn sicher auch sehr belastet.

Dann war da mein Vater, der sich in dieser Zeit immer wieder umzubringen versuchte. Meine Großeltern, die mich quasi zwangen, mit meinem Onkel Kontakt zu halten, weil er »das ja nicht so gemeint hat« mit dem Erschießen meiner Mutter. Diese Erwartungshaltungen und Verhaltensweisen meiner Familie waren sehr anstrengend für mich. Weil ich aber immer ein gut funktionierendes Mädchen war und auch zu dieser Rolle erzogen wurde, habe ich das alles mitgemacht. Meine Schwiegermutter gab mir die Schuld daran, dass sich mein Mann in die Drogenwelt flüchtete. Wäre ich netter zu ihrem Sohn, müsste er das nicht tun, sagte sie mir oft. Und mein Schwiegervater schmiss mich mit unserem Kind auf dem Arm aus der Wohnung, weil ich eine katholische Spießerin aus kleinen Verhältnissen sei.

Es waren bittere Jahre. Im Nachhinein, all die Jahre später, bin ich erstaunt, wie ich es trotz alledem geschafft habe.

Ich habe diese schlimme Lebensphase auch überstanden, weil ich gute Freunde hatte. Freunde, die mich gehalten und getragen haben, die für mich da waren und auch Rat wussten. An erster Stelle meine Freunde Beate und Jürgen. Sie haben auch ein Zuhause auf Sardinien, und ich war oft bei ihnen. An zweiter Stelle meine Freundin Anja. Nachdem mein Mann mit Drogen anfing, brachte Anja ihn zusammen mit seinem Bruder in eine Entzugsklinik. Diese Klinik hatte ihn nur unter der Bedingung aufgenommen, dass auch ich während der letzten zwei Wochen der Entzugskur dazukommen würde. Weil ich co-abhängig war. Jeder, der ein paar Wochen oder Monate lang mit einem Drogensüchtigen zusammenlebt, ist co-abhängig und muss auch therapiert werden. So zumindest waren die Anforderungen in dieser Klinik. Das habe ich damals überhaupt nicht verstanden. Ich dachte: Mein Mann flüchtet sich in Drogen, und ich hänge da mit drin? Aber gut, dann geh ich da eben mal hin.

Die zwei Wochen der Therapie waren der Anfang eines neuen Lebens. Im Nachhinein war genau das meine Rettung. Denn vorher hatte ich mir eingebildet, alles im Griff zu haben. Schließlich musste ich mein Leben auch im Griff haben, mit den zwei kleinen Kindern hatte ich keine andere Wahl. Ich war ja alleine. Ich hatte keine Großeltern mehr für die Kinder. Tom war praktisch immer abwesend, so kam es mir zumindest vor, und meine Freunde waren mit sich selber beschäftigt. Ich war wahrscheinlich auch zu anstrengend für sie und spürte die Zumutung, die ich für sie sein musste. Das ganze Erlebte hat mich irrsinnig hart gemacht.

So war ich auch schon groß geworden – meine Kindheit und Jugend waren eine einzige Abhärtung. Diese hatte sich mit dem Tod meiner Mutter dann noch einmal potenziert, diese Strenge und Disziplin, mit der ich in den Jahren danach das Leben bewältigt habe. Diese Verpanzerung half mir aber, mit den kleinen Kindern zu überleben.

Mit meinem Aufenthalt in dieser Therapie begann ich, weicher zu werden. Ich fing an zu realisieren, dass es im Leben noch etwas anderes gibt als Kampf und Härte. Wir entschieden, den Atlantischen Ozean und 9000 Kilometer zwischen mich und diesen ganzen Wahnsinn zu bringen, und zogen von München nach Los Angeles.

In Los Angeles eröffnete sich für mich eine ganz andere Welt. Eine spirituelle Welt. Hier konnte ich mich endlich mit Abstand und der nötigen Ruhe mit dem Tod meiner Mutter auseinandersetzen. Damit, was dieser Verlust für mein weiteres Leben bedeuten würde. Alle möglichen spirituellen Wege probierte ich aus. Ich traf auf eine Meditationslehrerin Sabrina, die mich in ihren Meditationskreis einlud. Jeden Sonntag saß ich dort mit anderen Frauen zusammen, von denen eine Weichheit und Liebe ausging, die ich nie gekannt hatte. Plötzlich in einem geschützten Raum aufgenommen zu sein und zulassen zu können, weich zu sein und zu weinen, zu mir selbst zu kommen: Diese Welt offenbarte für mich eine ganz neue Dimension. Dass es noch etwas anderes gibt zwischen Himmel und Erde als das, was ich bisher erlebt und wahrgenommen hatte, das ist mir in diesem spirituellen Umfeld klargeworden.

Ich hatte auch körperliche Symptome, vor allem immer wiederkehrende Rückenschmerzen. Ein Wunderheiler operierte mich, der damals sehr bekannt war. Er ging auch durch die Medien. Mit bloßen Händen operierte er mich am Rücken. Es ging mir besser. Ich war auch beim Vipassana bei Ruth Denison, die damals sehr berühmt war. Sie ist inzwischen schon gestorben. Sie war mit Allen Ginsberg verheiratet und war eine wunderbare Meditationslehrerin. Mit ihr machte ich ein Schweigeseminar in der Wüste.

Diese und viele andere spirituelle Tätigkeiten haben mich nach und nach geheilt von meinen Verstrickungen, insbesondere von der ungesunden, symbiotischen Verbindung mit meiner Mutter.

Meine Mutter war sehr jung, als sie mich bekam, fast selber noch ein Kind. Ich glaube, sie war mir deswegen so nah, weil sie wollte, dass ich für sie sorge – und nicht umgekehrt. So musste ich schon als Kind erwachsen sein, weil sie selber noch nicht erwachsen war. Meine Mutter hat mich unendlich geliebt, zu sehr sogar, aber sie war einfach zu jung, um Mutter zu sein. Es passierten viele Dinge, die nicht passieren sollten mit kleinen Kindern. Sie ging mit meinem Vater ständig aus, ich hatte nie einen Babysitter. Fast immer alleine zu Hause, wachte ich nachts heulend auf. Unsere Nachbarin tröstete mich durch die verschlossene Wohnungstür, hinter der ich mit drei Jahren alleine saß und nichts verstand. Mein Bruder kam auf die Welt, und meine Eltern gingen weiter aus. Dann musste ich auf ihn aufpassen, auch er heulte. Wir waren alleine, und ich hatte immer Angst. Aber es blieb mir nichts übrig. Es hat mich hart gemacht.

Meine Mutter war auch auf eine Art hart. Sie hat mich als ihren Besitz gesehen, hat mich nie meinen eigenen Weg gehen lassen. Hätte sie jemals mitbekommen, dass Tom Probleme hatte und sich in meinen Augen nicht gut um uns kümmerte, hätte sie mir und auch ihm, uns beiden, sicher keine Chance gelassen. Sie hätte gesagt: »Du trennst dich jetzt von deinem Mann, du bist doch viel mehr wert.« Ganz sicher wäre ich einen anderen Weg gegangen, wäre sie nicht gestorben. Ich hätte es nämlich nicht übers Herz gebracht, mich von meiner Mutter zu befreien, ihr sozusagen den Todesstoß zu versetzen. Ich glaube, ich hätte mich eher von diesem Mann getrennt, bevor ich mich von ihr getrennt hätte. (Später habe ich es zwar getan, aber nicht wegen meiner Mutter.) Ich hätte auch nicht die Therapie gemacht, die für mich so wichtig war.

Heute bin ich froh, dass ich diesen Weg gehen musste. Ich bin sogar dankbar. Das können nur wenige verstehen: dass der Tod meiner Mutter ganz wichtig für mich war. Das ist eine brutale Erkenntnis, ich weiß. Mir laufen gerade die Tränen herunter, während ich diesen Gedanken ausspreche, weil mir bewusst ist, wie brutal das ist. Aber das Verhältnis zwischen meiner Mutter und mir war eine fatale Verstrickung und Verfilzung, aus der ich möglicherweise mein ganzes Leben lang nicht herausgefunden hätte.

Als ich mit 18 Jahren von zu Hause ausgezogen war, habe ich ein halbes Jahr lang nicht mit ihr gesprochen. Sie rief ständig an, belagerte mich. Ich ging nicht ans Telefon und rief nie zurück. Es war schlimm. Ich glaube nicht, dass meine Mutter mich jemals mein Leben hätte leben lassen – aus falsch verstandener Liebe. Und ich glaube eben auch nicht, dass es mir innerlich möglich gewesen wäre, diese Bande zu durchschneiden. Deswegen musste es wahrscheinlich so brutal kommen.

Ihr Tod ist dieses Jahr 30 Jahre her. Ich kann für mich sagen, länger als ein Vierteljahrhundert gebraucht zu haben, um mich wirklich von ihr zu lösen. Und ich bin noch nicht einmal sicher, ob ich das tatsächlich geschafft habe. In all den Jahren habe ich mich immer wieder an die Arbeit gemacht, die einzelnen Fäden unserer komplizierten Verstrickung zu lösen.

Vor zwei Jahren, als ich schon lange aus Los Angeles wieder nach München zurückgezogen war, habe ich es einmal mit schamanischer Arbeit versucht. Das Erstaunliche war, dass die Schamanin überhaupt nichts von den Umständen wusste, unter denen meine Mutter ums Leben gekommen war. In der Sitzung bekam sie starke Kopfschmerzen – meiner Mutter wurde ja in den Kopf geschossen. Sie erzählte mir viele Details, die sie gar nicht wissen konnte. Das faszinierte mich. Mit ihr habe ich die Symbiose mit meiner Mutter von der anderen Seite aus betrachtet: Vielleicht ist es ja meine Mutter, die sich nicht von mir lösen kann?

Ich bekam dann Angst, nicht älter zu werden, als meine Mutter es wurde. Ich fürchtete, dass sie kommen und mich holen würde. Als ich langsam ihr Alter erreichte, war diese Angst nicht massiv, aber sie war dennoch da. Ich kann meinen Kindern doch nicht das Gleiche antun, dachte ich. Und dann bin ich in dem Lebensjahr, in dem meine Mutter starb, tatsächlich ein paarmal fast ums Leben gekommen. Wie eine self-fulfilling prophecy war das: Im Auto entging ich nur knapp einem Frontalzusammenstoß mit einem Geisterfahrer, ich ertrank beinahe in einem Ayurveda-Ressort, und als ich ein paar Monate später auf dem Fahrrad saß, wurde ich fast von einem Bus überrollt. Das waren definitiv Nahtod-Erlebnisse. Vielleicht war meine Angst, dass mein Leben im gleichen Alter enden würde wie das meiner Mutter, auch eine Sehnsucht? Ich weiß es nicht.

Nach alledem weiß ich aber, dass der Tod ein Teil des Lebens ist, und ich akzeptiere ihn. Die spirituelle Arbeit mit Blick auf den Tod meiner Mutter bedeutet für mich, am Loslassen-Können zu arbeiten. Ich konnte auch meine Schwiegermutter loslassen, die im vergangenen Jahr starb, und ich bin glücklich, zu ihr nach den holprigen Anfängen doch noch eine liebevolle Verbindung aufgebaut zu haben. Ich habe sie mehr geliebt, als ich meinen Vater geliebt habe, der auch letztes Jahr starb.

Ich glaube nicht an Gott, fühle mich eher im Dialog mit einer höheren Macht. Mit ihr kommuniziere ich oft und bedanke mich für mein Leben und dafür, was ich alles erreicht habe. Auch dafür, dass meine beiden Söhne und die Menschen, die ich liebe, weiter um mich sein dürfen. Der Dank für mein Leben ist ein besonderer, denn wäre meine Mutter nicht gestorben, hätte ich nicht mein Leben führen können, sondern das meiner Mutter weiterleben müssen.

Damals, als sie starb, verstand ich das noch nicht. Ich hätte es zu diesem Zeitpunkt als viel größere Befreiung empfunden, wäre mein Vater erschossen worden oder auf eine andere Weise gestorben. Mit ihm hatte ich nachhaltig keine gute Beziehung, er hat mich zeit seines Lebens nur verletzt. Nie hat er mich ernst genommen, nie hatte ich eine Nähe zu ihm. Gleich nach dem Tod meiner Mutter und noch lange Jahre danach dachte ich mir immer wieder: Warum meine Mutter und nicht mein Vater? Ich haderte sehr mit dem Schicksal, fragte mich, warum mir der falsche Elternteil genommen wurde.

Heute weiß ich, dass es nicht der falsche Mensch war, den ich verlor, sondern dass es genau das Richtige war, was das Leben für mich gemacht hat. Weil ich mich sonst nicht hätte entwickeln können. Ich führe das Leben, das meine Mutter vielleicht gerne gehabt hätte. Aber dieses Leben hätte ich nicht leben können, wäre sie an meiner Seite geblieben. Niemals hätte ich zu dem Menschen werden können, zu dem ich geworden bin, wäre meine Mutter nicht gestorben.

Friederike Schönfeld

Jeder war mit seinem Schmerz allein

Nach all der Zeit, die seitdem vergangen ist, wundert mich vor allem, wie unterschiedlich die Kondolenzbriefe von Freunden, Familie und auch von den Geschäftspartnern meines Mannes waren. Sie alle wollten uns in unserer Trauer beistehen. Einige haben auch in ihren Briefen gesagt, dass sie zuerst gar nicht hätten schreiben können, weil sie nicht gewusst hätten, *was* sie schreiben sollten. Rückblickend kann ich das verstehen, denn nur leere Worte hätten nicht geholfen. Von denen gab es zwar auch einige, aber ich glaube, das war keine Absicht. Es ist sehr schwierig, die richtigen Worte zu finden. Manchmal gibt es einfach keine.

Was ich im Nachhinein nicht verstehen kann, ist, dass mein Mann und ich niemanden bei der Beerdigung dabeihaben wollten. Vor allem ich wollte das ganz alleine machen. Wir haben auch keine Anzeige geschaltet. Ich konnte es einfach nicht. Die Einzigen, die gekommen sind, waren meine Eltern und der Bruder meines Mannes mit seiner Frau. Noch nicht einmal meine Schwiegereltern waren da. Aus heutiger Sicht verstehe ich nicht, dass ich nicht die geringste Anteilnahme zulassen konnte.

Ich habe mich von allem abgeschottet, wollte nicht angesprochen werden, von niemandem. Ich glaube, ich habe mich so verschlossen, weil ich es einfach nicht ausgehalten hätte, über diesen unbeschreiblichen Schmerz zu sprechen. Nur so kann ich mir das erklären. Ich konnte weder für mich alleine trauern noch mit meinen Kindern.

Heute tut es mir leid, dass ich meine Töchter nie in den Arm genommen und sie gefragt habe, wie es ihnen mit diesem Verlust eigentlich geht. Das hätte ich tun sollen, ich weiß. Aber damals konnte ich es nicht.

Bevor der Unfall passierte, habe ich oft zu meinem Mann gesagt: »Mir graut vor der Götter Neid!« Weil alles so perfekt war. Wir hatten sehr jung geheiratet, waren beide 25 Jahre alt, hatten drei glückliche, gesunde Kinder, zwei Töchter und einen Sohn. Beruflich sah bei meinem Mann alles sehr gut aus, und auch ich hatte bereits meine Lehrerausbildung abgeschlossen. Wir wohnten in einem schönen Haus am Stadtrand zur Miete, durften in Absprache mit dem Vermieter ein Schwimmbad in den Garten bauen, alles entwickelte sich großartig. Wir waren so glücklich. Dann kaufte mein Mann sogar ein Grundstück in Spanien, auf dem wir ein Ferienhaus bauen wollten. Es war eine wunderbare Zeit.

Als es dann passiert ist, habe ich zu meinem Mann gesagt: »Siehst du, jetzt wissen wir, dass die Bäume nicht in den Himmel wachsen und dass wir auch mit Leid zu tun haben. Wir werden geprüft.« Bis dahin lief alles so glatt. Fast zu glatt. Auch mit dem Geld: Es war genug da, und weil wir uns ein Kindermädchen leisten konnten, habe ich ruhigen Gewissens als Lehrerin arbeiten können. Ich bin sehr gerne Lehrerin gewesen.

Unser kleiner Sohn ist mit drei Jahren in unserem Schwimmbad ertrunken. Von einer Minute auf die andere. Kurz vorher hatte er mir noch in der Küche über die Schulter geschaut, während ich das Abendessen zubereitete. Eine Quarkspeise mit Blaubeeren sollte es geben. Da stand er noch neben mir und sah zu, wie ich den Quark rührte. Und ein paar Augenblicke später war er tot.

Kann man so etwas jemals begreifen? Mein Mann telefonierte, unsere ältere Tochter, damals fünf, war zum Spielen bei den Nachbarskindern, und unsere Jüngste, damals ein Jahr alt, wurde von unserem Kindermädchen gewickelt. Eigentlich sollte er auf die Toilette gehen, stattdessen lief er in den Garten runter ins Schwimmbad. Es war ein sehr heißer Julitag. Mein Mann fand ihn. Leblos.

Ich stand total unter Schock. Was es so schwierig zu fassen machte, war, dass es von jetzt auf gleich passierte. In keiner Weise hätte ich mich auf so eine Erfahrung vorbereiten können, anders als bei einer Krankheit zum Beispiel. Der Unfallwagen kam, und noch im Garten versuchten die Notärzte, unser geliebtes Kind wiederzubeleben. Dann sagten sie uns, es sei vergeblich. Und selbst wenn es noch gegangen wäre, hätte unser Sohn wohl einen Schaden davongetragen durch diese vier, fünf

Minuten – ich weiß nicht genau, wie viele es waren –, in denen sein Gehirn keinen Sauerstoff bekommen hatte.

Vielleicht sei es in diesem Fall besser so gewesen, sagte einer der Notärzte. Ich weiß noch, wie ich ihn schüttelte und rief: »Nein! Hauptsache, er hätte gelebt! Ich hätte schon für ihn gesorgt. Auch mit Schaden. Das ist mein Kind!« Ich hatte in diesem Moment keinerlei Verständnis dafür, dass er so etwas sagte. Aber es war ja die Wahrheit.

Mein Mann trug unseren leblosen Sohn ins Haus und legte ihn aufs Bett. Da lag er dann in seiner nassen Badehose. Ein unerträglicher Anblick für mich. Unglaublicherweise lief ich in den Garten, um die Blumen zu gießen. Wirklich unbegreiflich im Nachhinein. Blumen gegossen habe ich! Aber irgendetwas musste ich machen, irgendetwas, sonst hätte ich diese Stunden danach nicht überlebt. Natürlich hätte ich mich auch einfach auf einen Stuhl setzen und in Tränen ausbrechen können. Aber das konnte ich nicht.

Der Kinderarzt kam, um den Tod festzustellen. Kurz danach klingelte der Bestatter. Er brachte einen kleinen Kindersarg mit, noch heute sehe ich ihn vor mir. Weiß. Im Schlafzimmer. Bevor unser kleiner Junge dann abgeholt wurde, haben wir ihn furchtbar fest umarmt und gedrückt. Ich konnte es einfach nicht fassen, dass er nicht mehr atmete. Er sah auch so süß aus. So süß! So goldig. Und er ist ein so lebendiger und fröhlicher Junge gewesen, immer auf Trab. Er hatte ein unheimliches Temperament, das wildeste von der ganzen Familie.

Wir haben uns dann hingesetzt und versucht, etwas zu Abend zu essen. Aber keiner konnte auch nur irgendetwas zu sich nehmen. Die Hilfe räumte alles wieder ab.

Am nächsten Tag ging ich zu Frau Baumgart. Frau Baumgart war meine engste Vertraute und die Direktorin meiner Schule. Ich nahm meine ältere Tochter mit. Ich weiß noch, sie hatte ihren neuen Schulranzen auf dem Rücken, den wir kurz zuvor gekauft hatten, denn sie wurde in jenem Jahr eingeschult. Frau Baumgart war schon Mitte sechzig und sehr religiös. Ich ging zu ihr, weil ich mir von ihr Hilfe und Beistand erhoffte, und auch, weil ich nicht wusste, wie ich mich in der Schule verhalten sollte. Denn der Unterricht fing ja bald wieder an, und ich verspürte nicht die Kraft, vor die Schüler zu treten.

Meiner Tochter brachte Frau Baumgart einen Kakao und mir ein Wasser. Dann konnte ich vor Weinen kaum reden und erzählte ihr nur, was passiert war. Und dass ich das alles noch gar nicht begreifen könne. Sie sagte mir etwas, das sie mir später auch noch einmal in einem Brief schrieb: »Zum Leben gehört auch Leid. Es gibt nicht nur Glück. Wir sind nicht auf der Welt, nur um glücklich zu sein. Gottes Wege sind nicht zu erklären, sind unberechenbar mit unserem menschlichen Verstand.« Ich müsse nun für meine Familie da sein.

Zwei, drei Tage später schickte sie mir ein Blumengesteck und schrieb dazu folgende Karte, die ich aufgehoben habe: »Einen herzlichen Gruß. Ein kleines äußeres Zeichen meines Beileids. Bis jetzt habe ich noch niemandem von der Schule von Ihrem Leid gesprochen. Wenn Sie wünschen, dass ich etwas darüber sagen soll, orientieren Sie mich.« Das half mir.

Ich erinnere noch sehr genau den Tag, an dem ich wieder in die Schule gehen musste. Es war einer meiner schwersten Gänge. Denn es fiel mir wahnsinnig schwer auszusprechen, was passiert war. Bis zu diesem Tag hatte ich es noch niemandem von der Schule gesagt.

Ich hatte mir vorgenommen, kein Schwarz, sondern Weiß zu tragen. Weiß, weil es so ein junges Leben war, das durch diesen Unfall verloren ging, voller Freude und voller Lust am Dasein. In mir hatte irgendetwas entschieden: Dazu passt kein Schwarz. Komisch, nicht? Das weiße Kleid, das ich dann kaufte, trug ich nicht nur zur Beerdigung, sondern auch während der ganzen Zeit danach, vier Wochen lang. Ich habe es fast gar nicht ausgezogen.

Auch am ersten Tag in der Schule hatte ich das Bedürfnis, dieses weiße Kleid zu tragen, in dem ich meinen Sohn ins Trauerhaus im Krematorium begleitet hatte. Zuerst ging ich ins Lehrerzimmer. Dort hatte Frau Baumgart schon alle Kollegen informiert. Dann trat ich vor die Klasse. Ich sehe mich noch heute vor meinen Schülerinnen und Schülern stehen. Ich musste hinters Pult gehen, weil meine Knie genauso zitterten wie damals bei meiner Prüfung. Sie sahen schon, dass irgendetwas mit mir nicht stimmte. Und sie wussten natürlich auch, was es war, denn so ein Ereignis spricht sich herum wie ein Lauffeuer.

Dann habe ich – leider unter Tränen – erzählt, was passiert ist. Sagte, ich sei jetzt aber trotzdem bei ihnen hier, um den Unterricht abzuhalten. Ich würde mir große Mühe geben, das hinzukriegen. Aber es war furchtbar. Alle waren sehr still. Sie schrieben hinterher einen Brief und schickten Blumen, auch das Kollegium.

»Wein doch nicht schon wieder«, sagte mein Mann dann einmal zu mir. Deshalb habe ich versucht, immer woanders zu weinen. Wobei ich eigentlich gar nicht richtig weinen konnte, es war eher ein Schluchzen, bis zur Atemnot. Du bekommst die Tränen gar nicht raus. Ich habe mich dann ins Auto gesetzt. Ins Auto! Wenn ich in die Wohnung zurückging, musste ich mich unglaublich zusammennehmen, damit ich nicht wieder vor meinem Mann und vor meinen anderen beiden Kindern anfing zu schluchzen. Leider ist mir das nicht immer gelungen. Dabei wollte ich vor allem meinen Kindern gegenüber stark sein. Denn so eine weinende Mutter um sich herum zu haben ist ja auch furchtbar.

Nach der Beerdigung habe ich gedacht: ich möchte doch lieber bei ihm sein, als weiterzuleben. Es war schrecklich, als der Sarg – er wurde verbrannt – ins Feuer heruntersackte. Das war ein grauenvolles Bild. Auch als wir sangen: »Geh aus mein Herz und suche Freud«, weil mein Mann und ich dieses Lied so gerne hatten. Und die Sonnenblumen. Als er dann verschwunden war, dachte ich, ich möchte auch verschwinden. In dem Moment war dieser

Wunsch so stark, dass ich das in die Tat umgesetzt hätte, wären nicht unsere beiden anderen Kinder gewesen. Das glaube ich zumindest aus heutiger Sicht.

Wir mussten dann einen Grabstein aussuchen, auch wenn es uns beiden eigentlich völlig egal war, wie der aussah. Irgendeinen haben wir beim Steinmetz gewählt und auch gesagt, was draufstehen sollte. Während der Urnenbeisetzung regnete es in Strömen, obwohl es mitten im Sommer war. Wir gingen über eine Fußgängerbrücke zum Grab, nur mein Mann und ich. Und haben dabei kein Wort miteinander gewechselt.

Jeder war mit seinem Schmerz allein. Auch zu Hause: Sprachlosigkeit. Ich saß an meinem Schreibtisch im Wohnzimmer und starrte die Bücherwand an. Räumte auf. Ich glaube, mein Schreibtisch war noch nie so ordentlich wie zu dieser Zeit.

Zum Ferienende hin hatten wir eine Reise nach Gran Canaria geplant, wir sagten sie ab. Stattdessen fuhren wir in den Schwarzwald. Leider war es ein schreckliches Hotel. Ich habe noch ein Foto, auf dem meine ältere meine jüngere Tochter im Kinderwagen schiebt. Mein Mann telefonierte pausenlos, um seinen Geschäftspartnern mitzuteilen, was passiert war. Wir waren auf dieser Reise genauso unfähig, miteinander zu reden, wie zu Hause.

Trauerarbeit oder eine geteilte Trauer mit dem geliebten Partner, denn das war mein Mann ja für mich, hat bei uns leider, leider nicht funktioniert. Das lag sicher auch mit an mir, weil ich es nicht konnte.

Irgendwann setzte dann der Verstand ein. Die Emotionen, diese ganzen traurigen Gefühle, die hat man natürlich in sich, aber dann meldet sich plötzlich die rationale Seite in einem zurück. Und die sagte mir: Du kannst doch nicht so egoistisch sein und jetzt zu deinem Sohn gehen. Was geschieht dann mit deinen beiden anderen Kindern? Ich dachte: Irgendwie musst du jetzt doch noch für die Familie da sein. Und ich fragte mich: Wie schaffe ich das?

Mit meinem Mann konnte ich darüber nicht reden. Ich weiß nicht, warum das so war, frage mich noch heute, ob er vielleicht auch solche Empfindungen und Gedanken hatte. Aber er zog sich zurück. Er hat seine Trauer genauso wenig mit mir geteilt wie ich meine mit ihm geteilt habe.

Dabei hat der Verlust unseres Sohnes ihn sicher auch aus der Bahn geworfen. Weil man es einfach nicht verstehen kann, dass ein Kind vor den Eltern gehen muss. Einige haben uns geschrieben: Die Menschen, die Gott am meisten liebt, holt er früher zu sich. Aber auch damit konnte ich in diesem Moment nichts anfangen. Das Allereinzige, woran ich mich noch heute ein klein wenig festhalten kann, ist der Gedanke, was unserem Sohn vielleicht erspart geblieben ist in seinem Leben. Gerade weil er ein so ausgeprägtes Temperament hatte. Vielleicht sollte es so sein. Ich weiß es aber nicht.

Als wir aus dem Schwarzwald zurückkamen, habe ich seine Kleidungsstücke eingepackt und dann weggegeben. Ich weiß nicht, ob ich das wegen der Erinnerungen gemacht habe, die ich nicht ertragen konnte. Denn die waren ja auch sonst überall zu spüren, im Garten, auf dem Spielplatz, wo immer wir uns aufhielten. Aber mit seinen Sachen war die Erinnerung eben ganz besonders verbunden … Über seinem Bett hing noch ein Sternenhimmel, den eine Lehrerkollegin selber gebastelt hatte. Ich fragte mich, ob ich den jetzt hängen lassen sollte, entschied mich aber dagegen. Denn es war schließlich sein Sternenhimmel, und auch daran hingen schmerzliche Erinnerungen. Einen Stern habe ich, glaube ich, aufgehoben, er lag noch lange auf meinem Schreibtisch.

Die vielen Fotos, die wir gemacht hatten, konnte ich nicht anschauen. Das war ganz schrecklich. Ich kann es heute fast noch nicht, ohne zu weinen, über vierzig Jahre danach. Auch die Filme, die mein Mann gedreht hatte, konnte ich mir nie wieder ansehen. Noch nicht einmal die Kleidungsstücke unseres kleinen Sohnes konnte ich richtig durchgehen, zum Beispiel wollte ich die kleinen Lederhosen, diese süßen kleinen Lederhosen, irgendjemand Besonderem geben … Aber ich konnte es nicht. Auch seine Spielsachen und sein Kuscheltier habe ich weggegeben, an das Rote Kreuz.

Warum tut man so etwas? Weil man überhaupt keinen klaren Gedanken fassen kann in dieser Zeit und sich in Ruhe überlegen kann, wohin mit den Sachen. Im Nachhinein hätte es mir bestimmt sehr gutgetan, wenn ich meinen geliebten Mann mehr an meiner Seite gehabt hätte. Wenn er das Bedürfnis gehabt hätte, mich in den Arm zu nehmen, mit mir zusammen zu weinen, das

Geschehene mit mir zusammen zu verarbeiten. Ich hätte ihm mein tiefes Bedürfnis danach auch zeigen müssen. Stattdessen haben wir alle beide geschwiegen, richtig geschwiegen.

Drei Jahre später bekamen wir noch einen Sohn. Als ich merkte, dass ich wieder schwanger war, war ich zunächst sehr ängstlich. Wollte ich nochmal Verantwortung übernehmen für so ein kleines Wesen? War ich dazu überhaupt in der Lage? Ich habe nach dem Tod unseres ersten Sohnes jede Stecknadel, jeden Krümel aufgehoben, weil ich dachte: bloß alles richtig machen. Bloß aufpassen. Die Verantwortung, die man Kindern gegenüber hat, wurde mir nach diesem schlimmen Verlust natürlich noch mehr bewusst. Bevor der Unfall passierte, habe ich mir nie Gedanken darüber gemacht, welche Gefahren eigentlich überall lauern.

Dennoch haben mein Mann und ich beide gesagt: Wir können es kaum glauben, dass uns das Schicksal jetzt noch mal einen Sohn beschert. Obwohl wir gleichzeitig auch Angst hatten. Es muss wohl ein Wink von oben gewesen sein. Wir waren beide glücklich über dieses Geschenk.

Das ist auch interessant: Selbst wenn man eine so tiefe Trauer in sich trägt, weil man diesen Verlust einfach nicht verkraftet, zwingt einen das Leben mit Kindern doch ganz praktisch dazu, Lebendigkeit in den Alltag zu bringen. Auch in Form von Ablenkungen und von Aufgaben, die man sich stellt. Mein Beruf hat mir auch geholfen, ebenso wie die gesellschaftlichen Verpflichtungen, die wir langsam wieder eingingen.

Irgendwann nahmen wir wieder teil am normalen Leben, und ich hatte die Kraft zu sagen: Ja, ich habe mich jetzt entschlossen weiterzuleben. Für meine Familie. Und ich werde alles so gut machen, wie es nur irgendwie geht. Das habe ich dann als meine Aufgabe angesehen. Zu diesem Ja zum Leben gehörten auch wieder das gemeinsame Lachen oder Unternehmungen, an denen die Kinder Freude hatten, zum Beispiel Besuche auf dem Spielplatz. Allerdings erinnere ich mich noch schmerzhaft an die Fragen von anderen Spielplatz-Müttern, bevor unser zweiter Sohn auf die Welt kam: »Wo ist denn Ihr drittes Kind?« Diese Momente haben mich dann wieder in ein tiefes Loch stürzen lassen. Weil einem der Verlust plötzlich wieder so bewusst wird.

Außerdem war ich bestimmt eine schreckliche Mutter: »Schaukel nicht so hoch! Klettere da nicht so weit nach oben! Lass mich dir helfen.« Und so weiter. Weil ich solche Angst hatte, dass das Kind runterfällt, schlimmstenfalls auf den Kopf, und tödlich verunglückt. Eine Mutter wird unendlich verletzlich, wenn ihr Kind stirbt. Andere müssen sich gedacht haben: Was ist das denn für eine Mutter? Das ist ja auch heute ein ganz aktuelles Thema, die überbehüteten Kinder, die niemals im Schlamm wühlen oder Erde essen dürfen. Und Übervorsicht ist sicher nicht unbedingt vorteilhaft für ein Kind. Aber ich denke, nach so einem Verlust ist dieses Verhalten erklärbar.

Dazu gehörte auch, dass ich meine Töchter in der ersten Zeit sehr verwöhnt habe. Sie bekamen alles, was sie nur wollten. Spielzeuge, Süßigkeiten. Ich wollte ihnen nur noch Gutes tun. Dieses Gutes-Tun hat ja auch keinen sehr guten Ruf heutzutage, aber meine beiden Töchter haben mich allein durch ihr Dasein gezwungen zu überleben. Ich habe so sehr an ihnen gehangen damals, jeden Abend, wenn ich sie zu Bett brachte, dachte ich: O Gott, hoffentlich schlafen sie jetzt gut und wir kommen alle gut durch die Nacht und unbeschadet durch den nächsten Tag.

Vieles hat sich später normalisiert, aber in einigen Punkten habe ich diese besondere Vorsicht nie aufgegeben: Während es für andere Familien zum Beispiel vollkommen normal ist, dass ihre Kinder irgendwann schwimmen lernen, so wie sie reiten oder tanzen lernen, war ich unendlich erleichtert, als meine Enkelkinder schwimmen konnten. So unterschiedlich kann der Blick auf das Leben sein.

Mit unserem zweiten Sohn kam wieder neues Leben ins Haus. Alles lief wieder gut. Ich passte meine Arbeitszeiten so an, dass ich jeden Mittag zu Hause sein konnte, und verbrachte viel Zeit mit meinen Kindern. Mein Mann war leider beruflich viel unterwegs. Auch in den Ferien war er selten in unserem Haus in Spanien, das wir tatsächlich gebaut hatten. Die Einrichtung des Hauses wie auch die Erziehung der Kinder, also das ganze Alltagsprogramm, musste ich alleine stemmen.

Mein Mann zog sich nach und nach von seiner Familie zurück. Er verreiste viel mit Geschäftspartnern, konzentrierte sich auf seinen Beruf und wurde immer unerreichbarer für mich. Vielleicht hat er durch dieses andere Leben den Schmerz über den Verlust seines Sohnes zu kompensieren versucht. Vielleicht dachte er: Was soll's, ich muss jetzt anderweitig sehen, wie ich damit fertigwerde. Das kann gut sein.

Der Unfalltod meines Sohnes hat aus mir einen anderen Menschen gemacht. Davor lief in meinem Leben alles gut, ohne dass ich weiter darüber nachdenken musste. Wenn Kleinigkeiten nervten, habe ich mich zwar aufgeregt, auch über Lappalien, aber es kam dann wieder in Ordnung.

Danach habe ich nie wieder irgendetwas in meinem Leben als großes Problem angesehen, und das habe ich auch immer versucht, meinen Kindern zu vermitteln. Auch als meine Ehe viele Jahre später in die Brüche ging, dachte ich: Jetzt reicht es mit dem Leid. Ich werde neu anfangen.

Was mich bis zu meinem letzten Atemzug beschäftigen wird, ist die Schuldfrage. Die Schuldfrage oder überhaupt das Gefühl, schuld an diesem Tod zu sein, lässt mich niemals los. Trotzdem versuche ich mit aller Kraft, dieses Schuldgefühl nicht in meinen Alltag einfließen zu lassen. Ich hätte besser auf unser Kind aufpassen müssen an diesem Tag vor über vierzig Jahren, als ich in der Küche stand und Blaubeerquark rührte. Ich hätte gleich das Netz über das Schwimmbad ziehen müssen, als wir mit dem Schwimmen fertig waren.

Die Frage nach dem »Warum?« hat mich immer begleitet. Ich weiß, dass man sie so nicht stellen sollte – aber man tut es trotzdem. Mit dem Glauben habe ich mich seit diesem Schicksalsschlag sehr schwergetan. Ich kann nicht akzeptieren, dass Gott so etwas zulässt, sollte es ihn denn geben. Meine Patentante Frieda schrieb mir: »Alles in unserem Leben fügt sich in uns ein. Wir können es nicht vergessen. Wir dürfen es auch nicht vergessen. Wir brauchen das alles. Alle Liebe und Leid und Verlust. Auch ein Verlust ist etwas Positives, auch das ist eine Art Leben.« Das hat mir tatsächlich geholfen. Man wächst eben auch durch Leid. Vor allem durch Leid. Das Positive daran ist, dass man alles danach in einem anderen Licht sieht.

Martina Pausen

Er fehlt mir in allem, was er war

Es gibt ja diese ganzen etwas abgedroschenen Wortfin-
dungen wie »Lebensmensch«, »Traummann« und so weiter. Aber mein Mann war das wirklich für mich. Es ist
nicht so, dass Felix der erste Mann war, mit dem ich eine
längerfristige Beziehung hatte. Von daher kann ich beurteilen, wie eine Partnerschaft ist oder sein kann und auch
ein Zusammenleben, das ich bereits vorher mit anderen
Partnern hatte. Die Partnerschaft mit Felix war unver-
gleichlich mit jeder anderen in meinem Leben. Wir haben uns unglaublich gut verstanden, ohne dass es grauenhaft symbiotisch gewesen wäre. Symbiotisch insofern,
als dass wir immer nur dasselbe gedacht, gesagt und getan hätten. Überhaupt nicht. Wir haben durchaus streiten können und hatten in einigen Fragen auch konträre
Standpunkte. Aber in jenen Dingen, die ein Zusammensein harmonisch machen, waren wir uns immer einig.

Ich könnte es auch so beschreiben: Mein Mann war
der einzige Mensch auf dieser Welt, mit dem ich immer
die gleiche Vase auf dem Flohmarkt gut gefunden hätte.
Wir hätten uns unabhängig voneinander auf genau diese eine Vase aufmerksam gemacht. Oder beim Essen im

Restaurant: Immer wussten wir, welches Gericht der andere bestellt, weil wir es dann nach der Hälfte tauschen und vom Teller des anderen probieren würden.

Wir haben ja, und das ist etwas, was für viele eine Schreckensvorstellung ist, nicht nur zusammen gelebt, wir haben auch zusammen gearbeitet. In den fast 16 Jahren unseres Zusammenlebens waren wir, glaube ich, insgesamt vier Tage voneinander getrennt. Und das kam uns schon schrecklich lange vor. Wir waren stets im Dialog miteinander. Wir ergänzten uns in einer so angenehmen Art und Weise, gerade auch weil wir unterschiedlich waren.

Felix hat die Dinge immer im Dialog vorangetrieben, und zwar im persönlichen Dialog. »Man muss mit den Menschen reden«, hat er immer gesagt. Ich hingegen bin eher ein schriftlicher Mensch. Ich kommuniziere und organisiere am liebsten alles schriftlich. Ich gehe auch viel systematischer vor, als Felix das immer tat – mit allen Vor- und Nachteilen, die damit verbunden sind. Mein Mann war immer schon beim übernächsten Gedanken, bevor die Ursprungsidee überhaupt umgesetzt war. Aber auch darin waren wir eine perfekte Ergänzung, weil ich immer das fortführte, was er angestoßen hatte.

Wir haben uns einfach unheimlich gut verstanden, ich kann es nicht anders sagen. Und wir hatten Spaß! Das ist, glaube ich, auch so eine Sache, die unsere Beziehung so besonders machte: Wir haben einfach Spaß gehabt. Wir konnten gut miteinander lachen, immer eigentlich.

Und jetzt muss ich lernen, alleine mit unseren drei Kindern weiterzuleben. Gerade als unser Nachwuchs aus dem Allergröbsten raus war und wir das Gefühl hatten, es stellt sich wieder eine Normalität in unserem Lebensalltag ein, wurde bei Felix ein Tumor mit extrem ungünstiger Prognose diagnostiziert.

Sofort wurde er operiert. Das war am zweiten Weihnachtstag vor drei Jahren. Er hatte gleich danach entschieden, nicht mehr zu arbeiten. Seine Therapie war ungeheuer anstrengend für ihn, und ich bewundere ihn noch im Nachhinein für seinen gelassenen Umgang mit seiner Krankheit. Diese Haltung hat mir sehr dabei geholfen, die Firma und unser Familienleben in dieser unsicheren Zeit zwischen Leben und Sterben, zwischen Hoffnung und Sich-dem-Schicksal-Fügen weiterzuführen.

Mein Mann starb anderthalb Jahre nach der Diagnose. Natürlich hatten wir bis zuletzt Hoffnung. Aber trotz aller Hoffnung hat er erstaunlich gut loslassen können von seinem Leben, zumindest soweit ich dies beurteilen kann. Das hat mir zwar nicht geholfen in meiner Auseinandersetzung damit, dass er sehr bald wird sterben müssen. Aber es hätte mir das Ganze unendlich viel schmerzhafter gemacht, glaube ich, wenn ich diese Freiheit bei ihm nicht gespürt hätte – für ihn.

Denn mit dem Menschen, den man so liebt, seelisch und physisch zu leiden, ist das eine. Aber wenn derjenige um sein Leben kämpfen würde, weil er eine wahnsinnige Angst vor dem Tod hätte oder sich sehr dagegen sträuben würde – das muss eine Qual sein, die ich mir gar nicht vorstellen möchte. Zusätzlich zu all der Qual, die sowieso da ist. Und dieser Friede, den er damit hatte, diese Gelassenheit – obwohl er alles Therapeutische versuchte und auch bis ganz kurz vor seinem Tod davon überzeugt war, dass er es schaffen würde –, wenn das anders gewesen und er die ganze Zeit verzweifelt gewesen wäre, das wäre für mich vermutlich wahnsinnig schmerzhaft gewesen.

Jetzt fühle ich mich einsam. Ich bin zwar nie alleine, wir haben ja drei gemeinsame Kinder. Aber er fehlt mir. Und er fehlt mir in allem.

Mir fehlt nicht eine spezifische Funktion von ihm, also der Liebespartner, der Lebenspartner, derjenige, mit dem ich am liebsten ins Kino gegangen bin, oder derjenige, mit dem ich gerne gereist bin. Sondern er fehlt mir in allem, was er war. Das ist ja nicht zu ersetzen. Und in keiner Art und Weise zu füllen.

Felix war anderthalb Jahre lang krank, bis er starb, und die Diagnose war von Anfang an so, dass wir nicht wussten, wie viel Zeit er noch haben würde. Ich hatte schreckliche Angst davor, ohne ihn sein zu müssen. Ich glaube, ein großer Teil war meine Angst davor, sein Sterben anzunehmen. Zu akzeptieren, dass es so ist und für immer so sein wird.

Jetzt ist er anderthalb Jahre tot, und ich lerne langsam, mein Leben ohne ihn als neue Form des alltäglichen Daseins anzunehmen. Ich habe mir das so nicht vorstellen können, aber das Leben kann trotzdem schön sein. Es gibt ja auch andere schöne Dinge, schöne Begegnungen, ein schönes Familienleben mit meinen Kindern, das Zusammensein mit Freunden, ein guter Kaffee morgens, was auch immer.

Eigentlich bin ich sehr sicher, dass es nie wieder einen Menschen für mich geben wird, dem ich so nahe sein werde wie Felix. Denn den meisten passiert es überhaupt nie, dass sie diesen Menschen finden. Und zweimal passiert so etwas sicher nicht.

Ich bin das erste Mal in meinem Leben wirklich alleine. Erst habe ich in einer familiären Konstellation mit meinen Eltern gelebt, und dann hatte ich immer irgendeine feste Partnerschaft. Jetzt bin ich zum ersten Mal für mich. Wobei ich natürlich meine Kinder habe. Aber das ist etwas anderes. Ich kann mein Leben ohne meinen Mann annehmen. Es ist gut so.

Am Anfang, als er krank wurde, war es für mich unvorstellbar, ohne ihn sein zu müssen. Deswegen habe ich auch unendlich dagegen gekämpft, habe alles versucht, ihn am Leben zu halten, habe nicht hinnehmen wollen, dass sein Tod unabänderlich ist. Nicht akzeptieren wollen, dass ich mit meinem noch so strukturierten und organisierten Vorgehen überhaupt keinen Einfluss auf sein Überleben haben würde.

Wenn ich etwas aus diesem Schicksalsweg lerne, dann das: Ich kann den Lauf der Dinge nicht ändern. Es kann wirklich in der nächsten Sekunde alles anders sein. Was kann man in dieser Situation auch schon groß machen, wenn man seinen geliebten Partner verliert und verloren hat?

Es gab auf diesem ganzen Weg damals und auch, nachdem er dann gestorben ist, ja keine Alternative. Es gab keinen anderen Weg, für den ich mich als Ehefrau und Mutter hätte entscheiden können. Die Kinder sind da. Sie brauchen morgens Frühstück. Sie müssen in die Schule und in den Kindergarten gehen. Sie haben ein großes Bedürfnis, eine primäre Bezugsperson, eine Mutter zu haben, die nicht nur heult, sondern die auch an ihrem Leben Anteil nimmt. Und ihr Leben ist natürlich nicht nur der Verlust des Vaters. Das ist ein sehr starker Aspekt in ihrem Leben, aber es gibt ja noch ganz viele andere wichtige Dinge für unsere Kinder, die die Welt gerade erst entdecken.

Felix' Tod ist zwischen den Kindern und mir schon sehr häufig ein Thema. Trotz Trauerbegleitung und trotz Therapie, die jeder von uns für sich macht, merke ich, dass es gegenseitige Schutzmechanismen gibt. Ich merke, die Kinder haben große Angst davor, dass ich weine, sie haben große Angst davor, mich traurig zu sehen. Denn Kinder wollen ihre Eltern glücklich sehen. Und wenn sie das Gefühl haben, dass ich in irgendeiner Situation die Beherrschung verlieren könnte, dann kommt der Satz: »Bitte, Mama, jetzt nicht weinen!«

Also sprechen wir über unsere Gefühle, gerade jetzt in der Vorweihnachtszeit. Ich erzähle ihnen auch viel von ihrem Vater, denn die Kleinen waren so jung, dass sie ihn eines Tages vergessen werden. Deswegen stehen am Esstisch Fotos von ihm, ein großes und mehrere kleine.

Wir machen jedes Jahr ein Familienfotobuch, das wir gemeinsam anschauen. Ich schenke den Kindern jetzt auch zu Weihnachten Fotos von ihnen mit ihrem Vater.

Felix' persönliche Gegenstände, seine Sachen und seine Kleidung, seine Schuhe, stehen alle da, wo sie immer standen. Und es ist auch überhaupt noch nicht der Punkt, an dem ich das Gefühl habe, ich möchte diesen Schrank ausräumen. Seine Zahnbürste steht nicht mehr im Becher. Aber die persönlichen Dinge sind alle da.

Zweieinhalb Monate nach seinem Tod ist unsere Tochter eingeschult worden. Und das war das einzige Mal, glaube ich, dass sie darüber nachgedacht hat, wie wenig Zeit ihrem Vater geblieben ist, und sie hat gesagt: »Ich hätte gewünscht, dass Papa gelebt hätte, bis ich in der Schule bin.«

Natürlich versuche ich, ihn lebendig zu halten, so dass er und die Erinnerung an ihn Teil unseres Alltags bleiben. Deswegen steht sein Foto auch am Esstisch und nicht in irgendeiner Ecke, und deswegen hatte ich auch ihre Schultüte mit Fotos von Felix beklebt. Nicht nur von ihm, sondern Fotos von der ganzen Familie, lebend oder auch schon verstorben, auch von seinen Eltern und seinem Onkel. Also auch von Menschen, die in den Jahren vor ihm gestorben sind, die aber ganz wichtige Anker in unserer Familie waren.

Es ist schon so: Ich bin ein großer Verdränger und habe meiner Trauer noch gar nicht so richtig den Raum geben können, den sie vielleicht braucht. Meine Arbeit im

Unternehmen und drei kleine Kinder, das reicht eigentlich vollkommen. Das alleine ist schon kaum zu bewältigen. Und zusätzlich führe ich ein Bauprojekt weiter, das ich mit meinem Mann zusammen begonnen hatte und das mich unglaublich viel Zeit und Ärger kostet. Diese Baustelle hat mir seit seinem Tod den letzten zeitlichen Freiraum genommen, den ich noch hatte.

Aber wenn ich ehrlich bin, habe ich es, glaube ich, durchgezogen, weil mich das beschäftigt – in jeder Hinsicht. Es ist eine Hommage an meinen Mann. So bleibe ich ihm nahe, mit jedem Lichtschalter, mit jeder Fuge, mit jeder gestalterischen Entscheidung. Denn wir beide waren bei allem, was wir gemeinsam geschaffen haben, besessen vom Detail. Alles durfte nur so sein und nicht anders. Und obwohl diese Baustelle mich so viel Kraft kostet, spüre ich, dass es mir guttut, an etwas zu arbeiten, das mit ihm zu tun hat. Fast ist es schon so weit, dass ich mich auch hier wieder auf das Loslassen einstellen muss, wenn das Projekt fertig ist.

Nichtsdestotrotz ist die Trauer da, sie kommt immer wieder durch. Ich glaube inzwischen, sie sucht sich einfach ihren Weg und ihren Platz. Das wird, nehme ich mal an, für jeden ganz unterschiedlich sein. Ich sehe es ja auch an den drei Kindern, wie unterschiedlich sie damit umgehen und wer von ihnen wann traurig ist. Das kommt von ganz alleine.

Denn es gibt ja Momente, in denen man seine Einsamkeit besonders spürt, in denen man einfach nicht mehr kann. Oder Augenblicke, in denen so viele andere belastende äußere Einflüsse dazukommen, dass man denkt, es reicht doch eigentlich schon, warum muss das jetzt auch noch sein. Dieser ganze Prozess ist noch lange nicht durch.

Ich habe das Gefühl, ich stehe jetzt, nach anderthalb Jahren, am Anfang eines Weges und nicht an dem Punkt, über den gemeinhin gesagt wird, nach einem Trauerjahr sei das Tal schon durchschritten. Das kommt erst alles noch. Der Verlust meines Mannes hat mich, das kann ich jetzt schon sagen, viel weniger ängstlich gemacht. Natürlich gibt es noch viele andere schlimme Dinge, die passieren können, aber ich denke mir, das Schlimmste, was passieren konnte, ist in meinem Leben passiert.

Obwohl uns unser außergewöhnlich gutes Miteinander schon sehr bewusst war und wir wirklich glücklich – bewusst glücklich – miteinander waren, geht nichtsdestotrotz im Alltag so viel unter, wo du dann, wenn du das nicht mehr hast, in so vielen Situationen denkst: Ach, das war toll! Oder: Wie wäre es, wenn wir das jetzt zusammen erleben würden? Sie bleibt ja, die Qualität dessen, was gewesen ist. Und dies meine ich nicht nur in Verzweiflung und Trauer, sondern auch mit einer großen Wertschätzung. Und dann schaue ich mich um und sehe viele Beziehungen. Zwar sieht man von außen eh immer nur die Hälfte oder das, was man zu sehen meint. Aber beim Zusammensein mit anderen Paaren realisiere ich schon sehr, sehr viele Momente, in denen ich mir denke: Mein Gott, was verbindet die, oder was hält die zusammen?

Dann empfinde ich das Glück, das Felix und ich miteinander hatten, auch im Nachhinein als noch größer. Zum Beispiel, dass wir so spät Kinder bekommen haben und viel Zeit alleine miteinander hatten. Wir haben beide gerne gearbeitet, gerne etwas vorangetrieben, sind gerne zusammen gereist. Die meisten Dinge, die wir als Paar in den ersten Jahren unserer Beziehung zu zweit erlebt haben, hätten wir mit Kindern nicht so erleben können. Ich bin dankbar, dass das auf der Zeitschiene so gelaufen ist, welche höhere Macht oder Kraft das auch immer für uns entschieden hat.

Interessanterweise hat mir der Glaube Kraft gegeben, obwohl mir überhaupt nicht bewusst war, dass ich an irgendetwas oder irgendjemanden glaube. Auch haben mir Strukturen Halt gegeben, die uns begleitet haben. Vor allem die Menschen um mich herum, wertvolle Begegnungen, Freunde, die auf unterschiedlichsten Ebenen geholfen haben oder da waren. Das hat sehr viel Kraft gegeben. Gerade jemandem wie mir, der immer denkt, alles alleine bewältigen zu können. Und dieses Bewusstsein, dass da andere sind – vielleicht zwar nur bis zu einem gewissen Punkt, aber dennoch –, die helfen, die zuhören, das tut mir sehr gut.

Wobei es nach Felix' Tod auch bittere negative Erfahrungen gegeben hat. Ich habe große menschliche Enttäuschungen erlebt, verbunden mit unheimlicher Brutalität und Grausamkeit im familiären Umfeld. Wenn ich es genau betrachte, ist dieses Verhalten nicht durch Felix' Tod entstanden. Denn Menschen ändern sich ja nicht in so einer Situation. Es ist eher so, dass sich die Dinge dann vielleicht in ihrer ganzen Klarheit offenbaren.

Es geht um Geld und Erbschaften, die klassischen Themen. Das ist wirklich traurig, denn ich bin zutiefst davon überzeugt, dass der Kampf um Felix' Erbe ein Surrogat für etwas anderes ist. Gerade innerhalb der Familie sind das enttäuschte Gefühle und Erwartungen. Ich versuche ständig, die Gründe für dieses Verhalten in einer ganz tiefen Angst, Traurigkeit und Enttäuschung auf der anderen Seite zu sehen. Aber was mich wahnsinnig getroffen hat, ist, dass mir gegenüber vor nichts, aber auch gar nichts Halt gemacht wird.

Selbst wenn man selber andere Erwartungen und Gefühle hat, wenn man selber Angst hat, in Zukunft wirtschaftlich nicht gut versorgt zu sein, welche Haltung man auch selber haben mag zu dem Verstorbensein eines Ehemannes und Familienvaters: dass man vor dieser Situation nicht erst mal Halt macht und sagt: Da sind jetzt gerade eine Frau und drei kleine Kinder, die um das Leben dieses Mannes kämpften und diesen Kampf verloren haben, da stelle ich jetzt erst mal meine finanziellen Ansprüche zurück – dass man so empathielos vorgehen kann, das hat mir schon sehr wehgetan.

Ich beginne zu verstehen, dass es so einen Hass zwischen Menschen in letzter Konsequenz gibt. Ganz subjektiv, einfach nicht objektivierbar. Das ist etwas, was ich auch gelernt habe. Wenn man selber denkt, das ist doch ganz klar, es gibt die und die testamentarischen

Verfügungen, die sind immer schon so und so gewesen, da kann man sich kundig machen, darüber kann man offen sprechen, da kann man neutrale Ratgeber dazuholen. Und dann muss man das ja eigentlich alles einander in die Augen schauend sachlich regeln können.

So dachte ich vorher immer. So ist es aber nicht. Jeder hat seinen emotionalen Standpunkt, der nicht verhandelbar und nicht zu heilen ist. Genau an diesem Punkt entstehen dann auch die ganzen Verletzungen.

Meine enttäuschenden Erfahrungen sind aber, wenn ich das als Waage betrachten würde, alle ausgeglichen worden durch teilweise genauso überraschende positive Erfahrungen. Und diese positiven wiegen viel schwerer. Mit unterschiedlichen Menschen, also auch solchen, die mir vorher privat gar nicht nahestanden.

Das ist ja auch ein Klischee, das im Zusammenhang mit dem Verlust eines geliebten Menschen immer wieder kolportiert wird, aber es stimmt: In der Trauer zeigt sich, wer die wahren Freunde sind. Es offenbart sich, welche Interessenlage wen regiert. Unterdrückte Konflikte kommen ans Licht und Dinge, denen man vielleicht nie begegnen oder denen man vorher nicht ins Auge blicken wollte.

So etwas geschieht meistens nur in einer Extremsituation, die so ein Verlust ja ist. Es gibt ja Ihr erstes Buch, in dem die Menschen am Ende ihres Lebens stehen und sich fragen, ob da Themen sind, die man noch zur Lösung bringen will. Ich glaube inzwischen, man muss sein

Leben in dem Bewusstsein versuchen zu leben, dass man sich dauernd fragt: Habe ich solche Themenkreise? Und möchte ich die in meinem Leben haben? Nicht am Ende erst, wenn es hart auf hart kommt, wenn man noch mal schnell irgendwie bilanziert. Sondern viel, viel früher, eigentlich ständig. Denn das, was war, ist ja die ganze Zeit da. Verdrängung hin oder her. Man lebt die ganze Zeit damit.

Seit Felix' Tod merke ich, dass ich viel deutlicher hinterfrage, wie ich mein Leben jeden Tag lebe. Im Grunde genommen ist das die zentrale Frage: Wie lebe ich mein Leben jeden Tag?

Denn diese Themen bleiben ja im Leben. Und irgendwann explodiert das, oder Hass bricht sich Bahn. Das zu versuchen ist schwer, weil so viele Kräfte involviert sind – gerade in Familien. Aber wenn ich es nicht angehe, geht es immer weiter. Und ich glaube, man gibt es auch weiter an die nächste Generation, ob man will oder nicht. Diese Themen sind ja gerade, was Familie angeht oder ganz enge Freunde, Dinge, die mit einem selber immer wieder zu tun haben. Und die einen auch, wenn man gerade nicht dem Tod ins Auge blickt, jeden Tag des Lebens ärgern und nervös oder traurig machen können.

Jens und Karin Brandtner

Man kriegt einen schärferen Blick für das Wesentliche, wenn man einen geliebten Menschen verloren hat

In der Zeit danach waren wir ein besonders gutes Team, meine Frau Karin und ich. Ich glaube, genau das hat dazu geführt, dass wir weiterhin zusammen sind: die Erfahrung, in der schwierigsten Situation des Lebens miteinander das Richtige zu tun. Wir verlassen uns nicht mehr allein darauf, was ein Mediziner sagt, sondern wir verlassen uns ausschließlich auf das, was wir empfinden. Das ist viel, viel wichtiger als jede ärztliche Expertise, die sich in der Regel nur einen kleinen Ausschnitt ansieht und nicht das Ganze. Meine Frau und ich, wir haben viel Ahnung vom Ganzen. Die Zeit nach unserem schlimmsten Verlust war wirklich prägend für uns. Wenn wir das so nicht hingekriegt hätten, hätten wir uns wahrscheinlich schon längst getrennt.

Karin und ich haben uns zu Wende-Zeiten kennengelernt. Ich aus dem Westen wollte in den wilden Osten und fing bei einem Medienunternehmen in Ostberlin an. Dort habe ich meine Frau kennengelernt, die in diesem Unternehmen als Assistentin des Geschäftsführers gearbeitet hat. Das war unsere erste Begegnung, und für

mich war es sozusagen eine Liebesaffäre mit einer Aus-
länderin, weil sie aus Ostdeutschland kommt. Eine ganz
andere Kultur.

Es dauerte nicht lange, bis sie schwanger wurde. Wir
haben uns sehr gefreut, nahmen uns eine gemeinsame
Wohnung, und dann kam Sara zur Welt. Ein ganz süßes
kleines Baby. Wir waren sehr glücklich, fanden es ganz
fantastisch und haben ein Jahr lang ein schönes Leben
mit ihr gelebt. Karin hatte mit ihrer Arbeit aufgehört,
die ihr sowieso keinen Spaß gemacht hatte. Wir wohnten ganz in der Nähe des Potsdamer Platzes, der damals
noch ziemlich wild aussah. Da wurden gerade einzelne
alte Gebäude weggesprengt. Das kann man sich heute gar
nicht mehr vorstellen.

Nach einem halben Jahr merkten wir, dass irgendetwas
nicht stimmt mit der körperlichen Entwicklung unserer
Tochter. Denn sie bewegte sich nicht wie andere Kinder
in ihrem Alter, sie war nicht so agil. Der Kinderarzt sagte
dazu: »Das ist ein faules Kind. Manche sind so, und diese Kinder werden nachher total beweglich. Da muss man
sich keine Sorgen machen. Ist nichts Schlimmes.« Wir
hatten aber weiterhin ein komisches Gefühl: Moment,
irgendwas ist da nicht richtig. Das ist nicht normal, dass
ein Kind sich nicht nach oben bewegt und nicht anfängt
zu laufen und auch Schwierigkeiten hat zu krabbeln.

Dann wurde es uns zu bunt mit dem Kinderarzt, und
wir wechselten zu einem anderen. Der neue sagte sofort:
»Sie haben recht, irgendetwas ist da nicht richtig. Wir
müssen die Kleine von einem Spezialisten in der Charité

untersuchen lassen.« Leider war die Untersuchung ein Volltreffer. Ein Spezialist für Muskelerkrankungen schaute sich unsere Tochter an, analysierte alles, machte einen Gentest und bestellte uns dann ein: »Liebe Brandtners, ich habe leider eine ganz schlechte Nachricht. Ihr Kind hat spinale Muskelatrophie.«

Wir hatten natürlich noch nie davon gehört. Eines von 20 000 Kindern hat diese Krankheit, die genetisch bedingt ist und dazu führt, dass die Nervenzellen im Rückenmark, die Bewegungsrückmeldungen weiterleiten, auf Dauer absterben. Man wird dadurch quasi immobil. Schritt für Schritt zerfallen alle Nervenzellen, und die Muskeln entwickeln sich nicht, sondern degenerieren. Er sagte uns: »Ihr Kind wird nicht alt werden. Vielleicht zehn Jahre. Vielleicht auch älter.« Er kenne auch ältere Kinder. Er war der Spezialist in Berlin für diese Krankheit. Zufällig waren wir also gleich an der richtigen Adresse.

Er hatte das Überbringen dieser schlimmen Nachricht gut vorbereitet. Er wusste, wie schwierig es werden würde, uns das Sterbenmüssen unserer Tochter zu vermitteln. Wir waren auf alles gefasst, aber nicht auf ein Todesurteil. Karin ist vollkommen ausgerastet. Sie schrie so laut wie ein Tier. Ganz schlimm. Meine Frau war am Boden zerstört. Mir ging es auch nicht viel besser, aber ich hatte vor allem erst einmal damit zu tun, sie wenigstens ein bisschen zu beruhigen.

Dann haben wir mit dem Arzt gemeinsam darüber nachgedacht, was wir jetzt machen. Wie geht es weiter? Welche Perspektiven haben wir? Du kriegst so ein Urteil, und du glaubst es erst mal nicht. Aber dadurch, dass wir im Grunde schon seit Monaten das Gefühl hatten, da ist etwas nicht richtig, war auch klar: Warum sollten wir diesem Spezialisten mit dieser Diagnose misstrauen?

Nach dieser Hiobsbotschaft fuhren wir nach Hause. Unser Leben war von diesem Moment an komplett anders. Plötzlich war für uns die Zukunft abgeschnitten. Also das, was du dir für ein Kind wünschst, was es alles erleben soll, und dass es über deinen Tod hinauslebt, war plötzlich weg. Sicher zu wissen: Wir werden unser Kind zu Grabe tragen. Und es wird nicht uns folgen, sondern mit Karin und mir wird diese Familie ein Ende haben. Weil wir ja kein weiteres leibliches Kind haben konnten. Diese bittere Erkenntnis hat alles dominiert. Wir waren völlig fertig.

Weil wir wissen wollten, bei wem von uns beiden dieser Defekt entstanden ist, machten wir beide einen Gentest. Irgendwo musste diese Krankheit bei unserer kleinen Sara ja herkommen. Das Ergebnis war: In keiner unserer Familien kam diese Krankheit vor. Es war also eine Mutation. Das passiert. Später sagte uns der Arzt: Wenn wir wieder ein leibliches Kind kriegen möchten, liegt das Risiko, dass es einen ähnlichen Schaden erleidet, ungefähr bei 25 Prozent, also relativ hoch.

In der Zeit vor der Diagnose hatten wir immer wieder versucht, unsere kleine Tochter zu stimulieren, damit sie sich bewegt. »Komm, steh doch mal auf, versuch doch mal zu laufen.« Das konnte sie aber nicht, und sie wusste es auch. Sie weinte dann. Nach der Diagnose haben wir dann damit aufgehört, und ihr Leben hat sich total verbessert, denn sie stand plötzlich nicht mehr unter dem Druck, Dinge machen zu müssen, die sie gar nicht kann. Wir wussten somit etwas Wichtiges aus ihrem Leben, das sie schon längst wusste, uns aber nicht vermitteln konnte, und sind ihr danach ganz anders begegnet.

Dann kam der erste Ruf nach Mama und Papa. Wir haben mit ihr jetzt Dinge unternommen, die ihren Fähigkeiten entsprachen. Wir organisierten jede Art von Hilfsmitteln, die es für diese Krankheit gibt, waren in allen möglichen Reha-Läden, fuhren mit ihr zur Krankengymnastik. Sie begann eine Skoliose zu entwickeln, dabei verkümmern die Stützmuskeln der Wirbelsäule langsam, und die Wirbelsäule verkrümmt sich. Die Muskeln der Arme und Beine mussten von außen stimuliert werden, weil Saras Körper es selber ja nicht konnte. Das haben wir auch übernommen. Karin ist mit ihr immer unterwegs gewesen, hat sie begleitet, sogar einen Tanzkurs für sie gefunden, bei dem sie mit ihrem Rollstuhl mitmachen konnte. Tanzen war ihr großer Traum.

Über all die Jahre konnte sie sich nachts nicht alleine umdrehen, was du als normaler Mensch ja mindestens drei- oder viermal unbewusst machst. Die meiste Zeit habe ich das für sie übernommen. Das heißt, ich habe jahrelang nachts nicht durchgeschlafen, sondern bin mehrmals pro Nacht aufgestanden und habe Sara auf die andere Seite gedreht, damit sie sich nicht wundliegt.

Wir haben uns im Nachhinein gefragt: Wie haben wir das eigentlich ausgehalten? Aber zu der Zeit war das völlig normal. Es war überhaupt nicht so, dass ich am nächsten Morgen hundemüde gewesen wäre und gesagt hätte: O Gott, jetzt muss ich schon wieder arbeiten. Nein. Gar nicht. Also wir haben, Karin nachher noch viel mehr als ich, ihre Beine und ihre Arme ersetzt. Wir haben ihr geholfen, soweit wir konnten. Aber wenn ich jetzt nach vielen Jahren darüber spreche, frage ich mich schon, wie wir das geschafft haben. Wir hatten ja auch noch unser Leben.

Ein Jahr nach Saras Geburt hatte ich eine Firma gegründet und war damit ein unternehmerisches Risiko eingegangen, hatte auch einen kleinen Kredit aufgenommen. Dann kam noch die Professur an der Filmhochschule dazu. Es kam alles zusammen. Aber mit Blick auf Saras Krankheit haben wir gesagt: Die Professur ist eine sichere Burg. Wenn die Company den Bach runtergeht, haben wir immer noch meine Tätigkeit an der Uni als Fallback-Option. Es war auch klar mit dieser Diagnose, dass einer von uns zu Hause bleiben musste. Für Karin war glasklar, dass sie es ist, die zu Hause bleibt und sich um Sara kümmert. Mit meinen beiden Jobs hätte ich auch gar nicht die nötige Zeit gehabt, mich tatsächlich um Sara zu kümmern. Dies hat mir nachher bitter wehgetan. Aber diese Jobs haben uns den vollen Einsatz von Karin zu Hause ermöglicht. Sonst hätten wir Sara in ein Heim geben müssen.

Während ihrer acht Lebensjahre haben wir uns große Mühe gegeben, ihr ein lebenswertes Leben zu bereiten.

Wir wollten sie vor allem ein völlig normales Leben führen lassen. Nach den wunderbaren Erfahrungen in einer Waldorf-Kita wollten wir keine Behindertenschule für sie, auf die fast nur Rollstuhlfahrer gehen, sondern eine normale Schule, die sich auf Behinderte einstellt. Denn im Kopf war sie ja total fit. Sie hat alles in der Schule mitgemacht, nur der Sport war natürlich schwierig.

Ich habe vor ein paar Tagen beim Stöbern schöne Fotos gefunden, auf denen Sara im Kreis ihrer Cousins und Cousinen im Rheinland zu sehen ist. Sie liegt auf einer Wiese, und alle kümmern sich um sie. Man sieht gar nicht, dass eines von den Kindern behindert ist, sondern die liegen da alle und fühlen sich wohl. Ein schönes Bild. Solch glückliche Erfahrungen durfte Sara auch in ihrem Berliner Kiez machen. Es gab viel Empathie und Freude bei den Begegnungen mit den vielen großen und kleinen Menschen, die sie kannte.

Sie ist acht Jahre alt geworden. Am 31. Dezember 2000, am Silvestertag, ist sie gestorben.

Ihr Tod nach acht Jahren kam nicht ganz überraschend. Im Nachhinein haben wir festgestellt, dass es da eine ganze Reihe von Zeichen gab, die sie uns gegeben hatte, die wir aber nicht wahrgenommen haben. Aber wenn man sich im Rückblick die Monate davor anguckt, ist es eigentlich ganz klar, dass sie wusste: Es geht zu Ende.

Uns war es überhaupt nicht klar. Denn wir hatten in der Zwischenzeit eine Familie kennengelernt, die Zwillingsmädchen mit derselben Krankheit hatte. Die beiden waren damals schon Anfang zwanzig. Beide Mädchen waren fast komplett gelähmt und haben trotz allem studiert. Obwohl sie fast nichts mehr konnten, gerade noch ihren Rollstuhl bewegen, selbst das Sprechen fiel schwer. Diese Familie war unser Lichtblick. So haben wir doch viele Zeichen von Sara verdrängt und eine allgemeine Verschlechterung ihrer Konstitution nicht genügend ernst genommen und erst recht nicht in Verbindung mit dem nahen Tod gesehen.

Vor Weihnachten im Jahr 2000 hatte Sara wieder eine von ihren vielen Erkältungen. Wir hatten den Lehrern immer gesagt: »Wenn jemand Schnupfen oder Husten hat in der Klasse, setzt Sara bitte nicht daneben.« Was sie aber wohl nicht beherzigt haben. Dann hatte sie sich wieder bei irgendjemandem mit einer Erkältung angesteckt, und wir haben zu spät bemerkt, dass sie Schwierigkeiten mit dem Abhusten hatte.

Es war Weihnachten. Wir hatten alle Hände voll zu tun mit den Vorbereitungen, dem Schmücken des Weihnachtsbaums, ein Freund war zu Besuch. Wir sagten zu unserer Tochter: »Komm, es ist Weihnachten, freu dich, mit deinem Husten, das wird schon wieder.« Es wurde aber nicht wieder, sondern es wurde immer schlimmer. Am ersten Weihnachtsfeiertag bemerkten wir ihre großen Schwierigkeiten, Luft zu kriegen. Ihre Atemmuskulatur war zu schwach, als dass Sara hätte abhusten können. Wir wussten, was zu tun war: Im Krankenhaus musste der Schleim aus der Lunge abgesaugt werden. Diese Situation kannten wir bereits.

Plötzlich verschlechterte sich ihr Zustand so sehr, dass wir uns entschlossen, einen Krankenwagen zu holen. Wir riefen den Notarzt. Das war schon mal der erste Fehler. Wir hätten sie einfach ins Auto packen und ins Krankenhaus fahren sollen! Aber wir haben den Notarzt gerufen, um nicht wieder in der Notaufnahme warten zu müssen. Dann wird dir quasi die Gewalt entzogen, der Notarzt übernimmt alle Verantwortung. Karin fuhr mit und versuchte verzweifelt, den Ärzten zu erklären, in welcher Situation Sara war, dass das Kind eine spezielle Behandlung braucht. Dass man es auch nicht so einfach hinlegen kann, wegen der Skoliose. Völlig aufgelöst saß Karin neben Sara in diesem Krankenwagen mit Blaulicht.

Es lag tiefer Schnee in Berlin. Weil ich nicht mitfahren durfte, stieg ich ins Auto und fuhr hinterher. Sara wollte unbedingt, dass ich mitfahre. Ich erinnere mich noch an ihr Schreien. Für ein Kind ganz fürchterlich. Da kommen Leute, die sich auch auf Weihnachten freuen, im weißen Kittel, die eigentlich gar keine Lust haben zu arbeiten. Eigentlich wollten wir in die Klinik, in der sie immer behandelt wurde, nämlich in die Charité im Wedding. Dann aber kollabierte sie im Krankenwagen, hatte Atemaussetzer und musste sofort in das nächste Krankenhaus gebracht werden. Blitzschnell kam sie in den OP.

Das war der schlimmste Moment: Wir durften Sara nicht zur Behandlung begleiten, so wie es bei allen bisherigen Krankenhausaufenthalten war. Als wir mit in den Operationssaal reinwollten, haben uns die Ärzte rausbugsiert und sagten: »Nein, wir müssen jetzt intubieren, das wollen Sie nicht sehen. Das ist ganz schlimm. Warten Sie lieber draußen.«

Ich sagte: »Nein, ich würde lieber drinnen bleiben.« Ich ärgere mich bis heute, dass wir uns nicht durchgesetzt haben, dass wir nicht gesagt haben: »Liebe Leute, der Profi bei dem Kind sind wir. Sie haben nur einen weißen Kittel an, aber Sie haben von dem Kind gar keine Ahnung. Und Sie haben auch keine Ahnung von dem, was wir die letzten acht Jahre erlebt haben. Sie können mit diesem Kind nicht umgehen, auch wenn Sie denken, Sie können mit Patienten umgehen. Aber Sie haben keine Ahnung von diesem besonderen Krankheitszustand unseres Kindes.« Aber das konnte ich in dem Moment so nicht formulieren. Uns blieb nichts anderes, als den Ärzten zu vertrauen. Wir sagten: Okay, ihr seid jetzt die Profis, macht das mal. Das war alles. Das war der letzte Moment, in dem wir Sara lebend gesehen haben.

Danach ist sie quasi im OP getötet worden. Und zwar von Leuten, die gutwillig waren, die einem Menschen helfen wollten, die sich aber nicht auf die Expertise anderer Menschen eingelassen haben, einlassen konnten, weil sie es vielleicht nicht trainiert haben.

Wir haben nachher überlegt, ob wir dagegen etwas machen, haben das dann aber verworfen. Das war jedenfalls der Moment, in dem im Grunde alles falsch gemacht wurde. Hätte man nichts gemacht, hätte man unsere Tochter mit ziemlicher Sicherheit retten können. Sara war nämlich wieder bei Bewusstsein. Es hatte gar keinen Grund gegeben, sie zu intubieren. Aber das war eben in deren Schema: Wir müssen dem Kind jetzt helfen, wir müssen es jetzt ins künstliche Koma versetzen. Aktionismus. Oder vielleicht auch Unfähigkeit oder Mangel an Know-how.

Sie haben sie ins Koma gespritzt. Das war ganz brutal. Wir haben unser Kind aus dem OP-Saal heraus schreien hören. Die Ärzte haben uns danach erzählt, was sie gemacht haben: dass sie nämlich die Vene nicht treffen konnten, es mehrfach versucht hätten, sie hatte richtig blaue Flecken überall. Wir hätten ihnen das schon sagen können, wir wussten, dass bestimmte Sachen nicht gehen. Dann haben sie ihr eine Nadel in den Knochen gestochen. Das war wie Folter. Grauenhaft.

Natürlich hätten wir das unterbunden, wären wir da drinnen gewesen. Wir hätten es nicht zugelassen. Es hätte Auseinandersetzungen gegeben mit diesen scheinbaren Profis, die nicht den Gesamtblick auf dieses Kind einnehmen konnten und wohl auch nicht wollten, sondern nur ihren Spezialblick: Das Kind kommt mit Husten, einer starken Bronchitis und mit Atemaussetzern – und dagegen müssen wir jetzt etwas machen. Die holistische Sicht, dass das ein schwerbehindertes Kind ist, das einen behutsamen Umgang braucht, das man nicht behandeln kann wie einen normalen stabilen Menschen voller Muskelkraft, diese Sicht hat ihnen gefehlt. Sara war diesen Brachialtypen vollkommen ausgeliefert. Und wir standen draußen und haben gezittert.

Dann wollten wir rein, aber die Tür war zu. Von innen abgeschlossen. Wir haben uns gesagt: »Okay, komm, beruhigen wir uns, es wird schon gut, es wird schon gut.« Dann kamen sie endlich raus. Wir dachten, Sara ist bei Bewusstsein, so wie sie es vorher war. Stattdessen lag sie intubiert auf dem Bett, fertig gemacht für den Transport ins andere Klinikum. In der Nacht wurde sie dort auf die Kinderintensivstation gebracht.

Ja, und dann haben wir eben dort gehofft. Es war ja der erste Weihnachtstag. Meine Mutter kam in Windeseile aus dem Rheinland, um zu Hause für uns zu sorgen. Wir packten unsere Sachen und zogen im Krankenhaus ein. Karin und ich wechselten uns an Saras Bett ab, hielten ununterbrochen Wache. Wir hofften so, dass sich ihr Zustand bessern würde. Sie lag im Koma, angeschlossen an unzählige Maschinen, es piepste und blubberte. Sie wurde künstlich beatmet.

Wie sich nachher herausstellte, sind durch diesen Atemstillstand und wahrscheinlich auch durch das, was im OP mit ihr gemacht wurde, eine Hirnschädigung und Organschädigungen eingetreten, die offensichtlich irreversibel waren. Alle, auch die Ärzte, hofften auf die Selbstheilungskräfte unserer Tochter. Die konnten aber leider ihre Wirkung nicht entfalten. Die Werte wurden immer schlechter und schlechter. Dann hing sie da und war voll mit all den Schläuchen. So, wie du nicht leben willst. Und so, wie du auch nicht sterben willst. Die Geräte zeigten ein Auf und Ab. Es gab Momente, in denen die Werte plötzlich wieder anzogen und wir dachten: Jetzt hat sie es geschafft und ist über den Berg. Aber dann ging es wieder rapide runter. Und immer weiter runter.

Dann haben wir irgendwann mit den Ärzten darüber gesprochen, wie die Perspektive aussieht und was wir machen können. Es war am Vorabend zu Silvester. Gemeinsam entschieden wir zu versuchen, unser Kind von den Maschinen runterzunehmen, und zu beobachten, ob sie es schafft. Ob sie alleine atmen kann und sich ihr Herzrhythmus wieder normalisiert. Wir ließen alles abklemmen. Wir sagten uns vorher: Wenn sie es nicht schafft, dann schafft sie es nicht. Nur noch der Pulszähler war angeschlossen. Bis zum letzten Piep.

Ein paar Tage vorher hatten wir Sara noch taufen lassen in der Hoffnung, dass das vielleicht hilft. Sara hatte die Taufe ihrer Cousine miterlebt und sich gewünscht, auch getauft zu werden. Also riefen wir die Pfarrerin aus der Nachbarschaft ins Krankenhaus, die Sara dann dort taufte. Obwohl Karin Atheistin ist, fing sie an, in der Krankenhauskapelle zu beten. Sie flehte und wurde nicht erhört.

Es ist die existenziellste Erfahrung deines Herzens, muss man sagen. Als alle Maschinen abgeschaltet waren und alles ruhig wurde, hörten wir Musik. Die Ärzte waren sehr nett und ließen uns alleine in dem Raum, um uns von unserer Tochter zu verabschieden.

Wir fuhren nach Hause und begingen zusammen mit meiner Mutter Silvester. In Saras Sinne. Wir haben angestoßen. Das Verrückte, was wir dann erlebten, war die Kraft, die in uns wuchs. Als wir zwei, drei Wochen später zurückblickten, haben wir uns gefragt: Woher haben wir die Kraft genommen, die Beerdigung und all das zu organisieren? Wir waren völlig fertig, waren total ausgelaugt von dieser Woche, hatten nicht wirklich geschlafen, waren super gestresst. Und dann passierte am Ende das Schlimmste, was passieren kann: eben nicht die erlösende Nachricht, das Kind wird es überleben und es wird alles gut, sondern genau das Gegenteil.

Aber wir entwickelten ungeahnte Kräfte. Denn wir mussten das ja alles organisieren. Man muss ja überlegen: Was machen wir jetzt? Wie sieht eine Trauerfeier aus? Wen laden wir ein? Wie sieht die Anzeige in der Zeitung aus? Wie sieht die Einladung für die Trauergäste aus? Was machen wir bei der Trauerfeier? Wo machen wir das? Welchen Friedhof, welche Grabstätte finden wir?

In Windeseile trafen wir eine Vielzahl glasklarer Entscheidungen, die wir normalerweise nie in solch kurzer Zeit hätten treffen können. Niemals. Wir bereiteten die Trauerfeier ganz in ihrem Sinne vor, wir bauten alles so auf, dass wir das Gefühl hatten: Wenn unsere Tochter jetzt reinkäme, hätte sie Spaß. Wir stellten eine CD zusammen mit einer Mischung aus Kinder- und Erwachsenenmusik. Man denkt ja immer, man steht neben sich in einer solchen Situation, aber wir waren so klar. Wenn ich mir im Nachhinein ansehe, was wir gemacht haben, wie wir die Anzeige und auch die Einladungen gestaltet haben, ich wüsste nicht, was man hätte anders machen sollen.

Für Karin war der Verlust von Sara ein doppelter Bruch. Zum einen hat sie das erlebt, was ich auch erlebt habe: Du verlierst ein Kind. Du verlierst die Perspektive, du verlierst deine Verlängerung in die Zukunft. Für sie aber kam hinzu: Sie hatte ihre Aufgabe verloren. Das tägliche Sich-Kümmern. Denn Sara war ihr Lebensinhalt geworden. Und wir konnten kein zweites leibliches Kind mehr haben. An ein weiteres Kind war in den ersten Jahren ohnehin nicht zu denken. In dieser Zeit haben wir an alles Mögliche gedacht, aber nicht daran, ein weiteres Kind zu bekommen. Es ging in der Tat nur darum zu überleben. Wirklich zu überleben und nicht unserer Tochter hinterherzugehen, also nicht – was wir auch diskutiert haben – gemeinsam von der Brücke zu springen oder mit dem Auto gegen irgendeine Wand zu rasen.

Ich glaube, die Rettung für uns oder auch für Karin war, dass wir ganz unterschiedlich getrauert haben. Ich habe mich nach sechs Wochen Trauerpause wieder in meine Arbeit hereinbewegt, in meine zwei Jobs. Meine Software-Firma war gerade umgezogen in kostengünstigere Büros. Das war während der Dotcom-Krise. Es lief alles nicht so rosig. Genau zu der Zeit, als ich im Krankenhaus am Bett meiner Tochter saß und Wache hielt, fand der Umzug statt. Ich konnte mich darum gar nicht kümmern. Meine Mitarbeiter waren klasse, haben im Grunde alles alleine gemanagt. Als ich zurückkehrte, kam ich praktisch in eine neue Firma. So hatte ich dann sofort ganz massive Aufgaben, die mich mit dem Kopf weggeholt haben aus diesem Trauerprozess.

Und Karin hat sich umgekehrt völlig in die Trauerarbeit begeben, ganz bewusst, hat ganz viele Bücher gelesen, sich mit Leuten getroffen, ist sofort in Therapie gegangen. Sie hatte auch schon vorher psychologische Begleitung, hat das dann aber intensiviert, über mehrere Jahre hinweg. Auch eine Paartherapie haben wir gemacht. Gottesdienste für verwaiste Eltern in der evangelischen Kirche haben uns sehr geholfen. Die waren gut, weil wir dort nicht sprachen, sondern nur in unserer Trauer zusammen waren mit anderen verwaisten Eltern. Man ist in einer geistigen Gemeinschaft, alle haben ähnliche Erfahrungen gemacht, alle hatten ein Kind verloren. Dieses Gemeinschaftsgefühl tat gut. Ein paar Jahre lang haben wir diese Gottesdienste besucht, dann irgendwann nicht mehr.

Es gab eine Zeit, in der ich befürchtete, dass Karin sich etwas antut. Immer, wenn wir verabredet waren und sie nicht zu dem vereinbarten Zeitpunkt auftauchte, dachte ich: Gleich kriege ich einen Anruf von der Polizei. Das habe ich tatsächlich mehrmals gedacht. Aber sie hat es geschafft. Wie stark von ihr, sich nicht wegreißen zu lassen. Meine Frau ist auch extrem selbstbeherrscht. Das hat sie, glaube ich, im Osten gelernt, mit Verlust oder mit wenig im Leben klarzukommen. Bis heute hat sie sich sehr unter Kontrolle.

Eigentlich wissen wir bis heute nicht, was es wirklich war, das uns zusammengehalten hat. Wir haben da auch gerätselt! Weil wir schon sehr unterschiedliche Typen sind. Wir leben diese Unterschiedlichkeit auch und lassen sie zu. Es hat eine ganze Weile gebraucht, bis wir uns das gestattet haben: einfach ganz unterschiedlich zu sein. In der Anfangszeit nach Saras Tod war das eher ein

Problem. Ich hatte mich x-mal gefragt: Warum mache ich das jetzt weiter? Wäre nicht eine andere Konstellation für uns beide besser? Wäre nicht eine Konstellation, die einen genetisch nicht wieder in die Falle lockt, vernünftiger? Dass man sich nüchtern sagt, man geht jetzt auseinander, man verabschiedet sich, man kann ja eng befreundet bleiben, aber jeder macht noch mal einen neuen Versuch im Leben. Das machen ja die meisten.

Irgendetwas hat uns aber dazu bewegt, das nicht zu tun. Wir haben uns noch nicht einmal temporär getrennt, so dass der eine mal ausgezogen wäre und eine andere Liebschaft gehabt hätte. Sondern es war immer ein gemeinsames Gefühl vorhanden, wie heißt es jetzt so schön: Wir schaffen das. Wir wollen nicht aufgeben. Darin sind wir uns wiederum sehr ähnlich: Beide sind wir Menschen, die nicht schnell aufgeben. Die nicht schnell sagen, das ist jetzt zu gefährlich, das ist zu schwer, das machen wir jetzt nicht, sondern die dann versuchen dranzubleiben.

Mit Sara haben wir es ja bewiesen, mit ihr haben wir uns acht Jahre lang gezeigt, dass man ein tolles Leben leben kann. Es war ja schließlich nicht unser Fehler, dass sie mit einer am Ende tödlichen Erkältung nach Hause kommt. Außer vielleicht, dass wir sie in diese Schule geschickt haben. Möglicherweise war es ein Fehler, unsere Tochter diesem Apparat auszuliefern, der eben Kinder nicht das entfalten lässt, was in ihnen steckt, sondern etwas aus ihnen zu machen versucht, was bestimmten Normen entspricht und bewertbar ist. Das macht ja die normale Schule mit Kindern. Und wenn du dann ein behindertes Kind in eine solche Schule gibst, dann hat es eben doppelt so viele Schwierigkeiten.

Fünf Jahre später fingen wir an, über Adoption nachzudenken. So lange hat das gedauert. All diese Jahre nach Saras Tod waren ein ganz tiefes schwarzes Loch in unserem Leben. Irgendwann haben wir gesagt: Komm, wir adoptieren ein Baby, ein kleines Mädchen. Wir waren völlig fixiert auf ein Mädchen. Nachdem wir den Antrag gestellt hatten, kam postwendend von der Behörde zurück, dass man in Deutschland nach Überschreiten des 45. Lebensjahres kein Baby mehr adoptieren kann, sondern nur ein älteres Kind. Ich war kurz zuvor 45 geworden. Wir hatten also ein paar Monate zu lange gewartet.

Dann sagten wir uns: Wenn das so ist, werden wir ein Kind in China adoptieren. Denn wir waren schon oft gemeinsam in China, ich hatte bereits damals meine Gastprofessur dort. Einmal war Karin vier Wochen lang mit mir in Peking und mochte es sehr. China war ein wenig zu unserer zweiten Heimat geworden, es war das Land, in dem wir neben Deutschland die meiste Zeit verbracht haben. So wollten wir ein Kind aus China adoptieren. Das Problem aber war: Du kannst als Deutscher kein chinesisches Kind adoptieren. Das geht einfach nicht, weil es zwischen Deutschland und China bisher kein bilaterales Adoptionsabkommen gibt. Unsere chinesischen Freunde sagten: »Jens, das ist kein Problem, wir sind hier in China, wir kriegen das hin.«

Ein ganzes Jahr lang haben unsere chinesischen Freunde dann tatsächlich versucht, uns auf irgendwelchen Wegen ein chinesisches Kind zukommen zu lassen. Sogar auf der Tagesordnung des Präsidiums meiner Hochschule stand: Die Brandtners brauchen ein Kind, was können wir tun? Ich fand das schon rührend. Wir waren sogar in verschiedenen Heimen. Aber irgendwann wurde klar: Es wäre ein illegaler Akt gewesen. Es gab keinen Weg, eine Adoption legal zu realisieren. Das wollten wir nicht. Wir wollten keinen Stress.

Wir gaben nicht auf und suchten weiter in Asien. Besuchten Kinderheime in der Mongolei, stellten Anträge für Taiwan, zuletzt für Nepal. Dort waren wir ziemlich weit gekommen, zum Schluss klappte es aber wieder nicht. Wenn man eine Auslandsadoption macht, dann gibt es für jedes Land separate Adoptionsrichtlinien, die das Land festlegt. Man kann also nicht einfach in ein Land fahren, in ein Waisenhaus gehen, sich Kinder anschauen und aussuchen wie aus einem Katalog. Sondern es wird ein Matchmaking über Agenturen gemacht. Und jedes Land hat wieder andere Agenturen. Das heißt, du musst für jedes Land einen neuen Prozess beginnen.

Immer und überall suchten wir nach einem Mädchen im Babyalter. Dann kam plötzlich morgens um acht ein Anruf aus Sri Lanka: Wir würden doch ein Kind suchen, sie hätten da einen kleinen Jungen. Sie wüssten, wir suchten ein Mädchen, aber sie hätten nur einen kleinen Jungen. Ihn könnten wir adoptieren.

Wir waren höchst überrascht. Es stellte sich heraus, dass meine Mutter einer Bekannten, die in Sri Lanka als Entwicklungshelferin gearbeitet hatte, von unserem Wunsch erzählt hatte. »Es gibt in Colombo ein Mutter-Theresa-Heim, das ich unterstütze. Da kenne ich einen ganz tollen Menschen, Herrn Azmeer, und den frage ich mal«, sagte die Bekannte wohl zu ihr. Herr Azmeer war es auch, der dann anrief.

Aber: ein kleiner Junge? In diesem Moment fragten wir uns, warum wir eigentlich nur ein Mädchen haben wollten. Warum nicht auch einen Jungen? Denn wenn wir ein eigenes Kind gehabt hätten, wäre es ja auch eine Fifty-fifty-Chance gewesen.

Wir ließen uns Bilder schicken. Und sahen einen total süßen kleinen Jungen. Ein Baby, drei Monate alt. »Sie müssen aber innerhalb der nächsten zehn Tage kommen und dann auch zwei Wochen bleiben, denn das sind bei uns die Voraussetzungen. Sie müssen mit dem Kind zusammen sein.« Diese Ansage kam wirklich unvorhergesehen. Es war Sommer, wir hatten im Juli gerade meinen 50. Geburtstag gefeiert. Und etwa zehn Tage später, wie ein schönes Geburtstagsgeschenk, kam dieser Anruf. Weitere zehn Tage später saßen wir im Flieger nach Sri Lanka. Obwohl gerade wieder viel los war, ich baute zu der Zeit einen neuen Studiengang auf, das nächste Semester ging bald los, und Karin hatte einen Aushilfsjob.

Im Flieger haben wir uns gesagt: Der erste Augenblick ist entscheidend. Wenn wir das Kind mögen und das Kind uns mag, ist es gut. Wenn wir das Kind nicht mögen, ist es nicht gut. Wenn das Kind uns nicht mag, ist es auch nicht gut. In diesen beiden Fällen packen wir die Koffer und fahren wieder zurück. Vielleicht machen wir noch ein bisschen Urlaub, aber dann fahren wir wieder zurück. Das hatten wir vorher vereinbart.

In dem Heim nahmen uns die Schwestern sehr freundlich in Empfang. Wir fuhren sofort in die Klinik. Dann kamen sie rein mit dem Kleinen auf dem Arm. Er strahlte. Auch wir strahlten, waren völlig begeistert. Sofort nahmen wir das kleine Gottesgeschöpf in den Arm. Keine Schreierei. Gar nichts. Wir wussten: Ja. Kishan und wir gehören zueinander. Abends im Hotel entschieden wir, zwei Wochen in Sri Lanka zu bleiben.

Das dunkle Loch, das Saras Tod gerissen hat, gibt es nach wie vor in unserem Leben. Aber mit Kishan ist dort sehr viel Licht hineingekommen, es ist viel heller. Mit Kishan machen wir die Erfahrungen, die wir als Eltern mit Sara nie machen konnten. Dass du ein Kind laufen siehst, dass ein Kind sich selbst bewegt, und dass ein Kind sich ganz eigenständig anzieht! Das ist für uns etwas ganz Besonderes. Wir haben es nie verstehen können, wie Leute mit ihrem Kind umgehen, als sei es nichts Besonderes, vielleicht nur ein nervendes Etwas oder ein Quälgeist. Mittlerweile ist Kishan für uns ab und zu natürlich auch ein Quälgeist. Alle Kinder sind das manchmal. Aber ich glaube, wir haben eine ganz andere Ehrfurcht vor diesem Leben als in der Zeit vor Saras Krankheit. Jetzt ist es einfach wundervoll, dass wir das noch einmal erleben dürfen, auch in einem etwas fortgeschritteneren Alter, so ein kleines Wesen aufwachsen zu sehen. Mit einem ganz anderen Erfahrungspotenzial, das man ihm auch vermitteln kann. Dadurch ist unser Sohn übrigens auch ein wenig altklüger als andere Jungen in seinem Alter. Für Karin und mich war es genau die richtige Entscheidung, Kishan zu adoptieren.

Ganz unabhängig von diesem heutigen Glück hat der Verlust unserer Tochter zumindest in meinem Leben sehr viel verändert. In meiner Wahrnehmung hat es die Wertigkeiten total zurechtgerückt. Ich habe mich früher über Dinge aufgeregt, über die ich mich heute nie mehr aufregen würde. Ich wüsste gar keinen Grund mehr, warum ich mich über normale Dinge aufregen sollte. Das geht doch alles vorbei. Es gibt viel, viel Schlimmeres. Ich glaube, ich bin insgesamt entspannter geworden.

Ich habe ja noch einen weiteren Verlust erlebt. Wir haben Saras Tod erlebt, danach hatte ich das Gefühl: So, das ist jetzt das Schlimmste in meinem Leben gewesen, ab jetzt wird es ein bisschen schöner und positiver, und wir haben die Chance, noch etwas anderes Tolles zu erleben. Aber dann kam das tatsächliche Tief der Dotcom-Krise, und infolgedessen ging meine Firma baden. Plötzlich hatte ich fast vierzig Mitarbeiter, denen ich von heute auf morgen erzählen musste: Liebe Leute, morgen ist Schluss.

Das ist natürlich eine ganz andere Geschichte. Aber: Damit konnte ich nach der Verlusterfahrung unserer Tochter ganz anders umgehen. Hätten wir Saras Tod nicht erlebt, wäre der Untergang meiner Firma für mich möglicherweise sogar lebensbedrohlich gewesen. Das Unternehmen war ja schon zehn Jahre alt, nicht irgendein kleines Start-up, mit dem ich gerade erst begonnen hatte.

In dem Moment fiel ich persönlich ein weiteres Mal in ein richtiges Loch und habe mich in eine Therapie begeben. Man kann nicht wirklich sagen Therapie, aber ich habe mich aus Deutschland herausbewegt und bin für eine kurze Auszeit nach Oxford in ein Kloster gegangen. Dort habe ich mich eine Zeit lang mit spirituellen Fragen beschäftigt. Das war sehr hilfreich. Es hat Nachwirkungen bis heute. Und es hat wieder Dinge in meinem Leben verändert, zum Besseren.

Ich glaube, man kriegt einen klareren, einen schärferen Blick für das Wesentliche, wenn man einen geliebten Menschen verloren hat. Darin liegt, glaube ich, auch die Quelle dieser Kraft, die für Karin und mich nach Saras Tod so erstaunlich war. Diese Kraft, die sich so unvermittelt entwickelt hat. Davon bleibt ein bisschen übrig im weiteren Leben, und diese Kraft schärft deine Sicht auf die Dinge. Ich finde diesen Aspekt immer offensichtlich, gerade wenn ich mit Entscheidungsträgern unterwegs bin, die diese Erfahrung nicht haben. Menschen, deren wichtigste oder schwierigste Erfahrung es war, einmal hundert Leute entlassen zu müssen, kurz am Bankrott vorbeigeschleudert oder selber entlassen worden zu sein. Wenn man sein Kind verloren hat, ist es eine andere Qualität, mit der man an die Fragen herangeht.

Franziska von Hofstätt-Bergen

»Du musst jetzt ganz, ganz stark sein.«

In der Zeit der Geburt meiner ersten drei Kinder hatte ich ruhige Jahre. Das habe ich noch nie so formuliert, aber das waren die einzigen ruhigen Jahre in meinem Leben. Die Jahre einer ganz normalen Mami mit drei kleinen Kindern. Solche Probleme hatte ich da. Und das sind weiß Gott keine Probleme.

Vom Typ her bin ich keine klassische Mutter. Natürlich würde ich alles für meine Kinder tun. Sie sind das Beste und Schönste, was mir passiert ist. Aber ein typisches Muttchen bin ich innerlich sicher nicht. Denn in meinem Leben läuft nichts glatt. Mein Leben ist so, dass ich ständig durch unzählige Höhen und Tiefen gehe. Ich tauche ganz oft ab. Dann bin ich wirklich sehr traurig und denke mir, ich schaffe das nicht mehr, jetzt ist Schluss. Trotzdem bin ich aber davon überzeugt – ich weiß nicht, woher ich das nehme –, dass ich niemals depressiv werde. Niemals! Ich war auch nie krank. Und wenn ich ganz unten bin, dann sehe ich es so: Das Leben gibt mir wieder eine Aufgabe. Dann hadere ich zwar und verzweifle vorübergehend, aber ich finde in diesen Phasen immer einen Weg weiterzumachen.

Ich selbst war dem Tod schon als kleines Kind sehr nahe. Ich wurde auf meinem Dreirad von einem Auto überfahren. Ich erinnere mich noch genau, was ich anhatte. Deutlich war darauf der Abdruck des Reifenprofils zu sehen. In der kleinen Kapelle in unserem Heimatort wurden abends bereits die Kerzen angezündet. Alle dachten, das war es. Verdacht auf Lungenriss.

Ich habe wie durch ein Wunder überlebt und trage noch heute davon eine Narbe am Bauch. Von dem Autofahrer habe ich ein Kuscheltier und Schmerzensgeld bekommen.

Die zweite Begegnung mit dem Tod hatte ich, als ich 13 Jahre alt war und mein Bruder Johannes sich am Bach bei uns im Dorf erschoss. Mein Bruder war ein passionierter Jäger und litt unter Depressionen. Seit ich ganz jung war, war immer jemand anderes in meiner Familie in der Psychiatrie, meine Schwester Sophie als Erstes. Nur meine Mutter und ich nicht. Ich bin die jüngste von vier Geschwistern. Auch mein Vater litt unter Depressionen. Das ist bei uns erblich, vielleicht, weil vor drei Generationen – man nimmt es an, man weiß es nicht – Vetter und Cousine geheiratet haben.

Meine Eltern hatten keine Erfahrung damit, wussten auch gar nicht, was mit meiner Schwester Sophie los war, als sie das erste Mal in die Psychiatrie kam. Sie wurde dort eingeliefert, krank, rein, raus, krank, rein, raus. Damals sagte mein Bruder immer zu meiner Mutter: »Mama, ich verspreche dir, ich werde niemals krank, ich werde niemals depressiv, schizophren oder manisch. Du kannst dich auf mich wirklich verlassen.«

Johannes hatte in meiner Familie eine besondere Stellung, weil er halt der einzige Sohn war. Es war auch vollkommen klar, dass er alles erben und weiterführen sollte. Er war immer der fröhliche, der lebensbejahende Sohn. Er machte noch als Jugendlicher alleine eine Fahrradtour ins Ausland. Unmittelbar danach bekamen wir einen Anruf des Direktors aus seiner Schule: »Irgendetwas stimmt mit Ihrem Sohn nicht.«

Dann begann sein Leidensweg. Auch Johannes kam in die Psychiatrie, veränderte sich, musste sehr, sehr viele Medikamente nehmen. Er war überhaupt nicht wiederzuerkennen. Trotzdem wurde es dort nicht besser.

Oft ist das bei manisch-depressiven Menschen so: Wenn sie unter Medikamenten stehen, also wenn sie nicht mehr verrückt sind, werden sie depressiv, weil die manische Phase vorbei ist.

Mein Bruder war mit den Tabletten ganz am Boden, ganz am Ende. Er war ein sehr sportlicher Typ, konnte aber unter dem Einfluss der Medikamente keinen Sport mehr treiben, konnte sogar kaum mehr schreiben. Er wurde ein ganz in sich gekehrter, ganz stiller Mensch. Seine ganze Persönlichkeit veränderte sich. Er wurde in eine andere Psychiatrie bei uns in der Nähe verlegt. Es gab Wochenenden, an denen er auch mal nach Hause durfte, und da war es schrecklich, ihn so zu erleben. Wie er Witze machte, die nicht witzig waren und so.

Er jagte ja auch sehr gerne. Und dann sagte er an einem Wochenende: »Ich würde gerne zum Schießen gehen.«

Mein Vater fragte: »Ja, muss das denn sein?«

»Ich mache das. Ihr könnt ja vorher noch ein Diktat mit mir machen.« Johannes erledigte seine Aufgaben und sagte: »Ich gehe nur ganz kurz raus.« Nahm die Waffe aus dem Waffenschrank, ging fort und kam nicht wieder.

Zu diesem Zeitpunkt war ich mit einer befreundeten Familie verreist. Ihre jüngste Tochter Luisa war meine Freundin. Ich merkte schon, dass Luisas Mutter permanent telefonierte, und dachte mir: Das ist aber auch anstrengend, mit so einer Geschäftsfrau auf Reisen zu sein. Wir fuhren dann einen Tag früher als geplant wieder zurück in ihr Haus. Wir liefen durch diesen traumhaften, wunderschönen Rhododendronpark, den sie hatten, als Luisas Mutter mir mitteilte: »Franziska, ich muss mit dir sprechen.« Ich merkte, sie hat was auf dem Herzen, sie muss mir irgendetwas sagen. Ich fragte: »Was ist denn los? Ist meine Schwester wieder in der Klinik?«

»Nein.«

Sie konnte mir nicht sagen, was war. Ich fragte wieder: »Was ist denn? Was ist denn los? Ist was mit Johannes? Geht es ihm wieder schlecht?«

»Ja, es ist Johannes.«

Ich rief: »Ja, was ist denn? Dann sag mir doch einfach, was ist.«

»Ja, Johannes …«

»Was?«

So ging es hin und her, und ich dachte, warum sagt sie mir nicht endlich, was ist.

Und dann sagte sie: »Johannes ist tot.«

»Wie, der ist tot? Ein Unfall? Was ist passiert? Was ist?«

»Er hat sich umgebracht.«

Ich war 13. Ich hatte schon davon gehört, aber ich verstand es nicht wirklich. »Wie, umgebracht?«

»Ja, Johannes hat sich das Leben genommen.«

Das war für mich eine Unvorstellbarkeit: sich das Leben nehmen. Also selber zu entscheiden, so jung, mit 18 Jahren, sein eigenes Leben zu beenden. Ich fragte: »Wie? Wie war das?«

»Er hat die Waffe genommen.«

»Und wo?«

»Am Bach.«

»Und wo?«

»An der Brücke.«

»Wer hat ihn gefunden?«

»Dein Vater.«

»Wie hat er es gemacht?«

»Er hat sich in den Mund geschossen.«

Und so hat sie es mir gesagt. Ich sehe immer noch diesen blühenden, farbenprächtigen Garten vor mir, durch den wir liefen. »Ich möchte jetzt nach Hause«, sagte ich dann.

Mein Zuhause ist nur fünf Minuten entfernt, wir fuhren dorthin. Meine Mutter war wie versteinert. Mein Vater kam auf mich zu mit einer Stimme, die gebrochen war. Und wie immer, wenn irgendwas war, sagte er: »Franziska, du musst jetzt ganz, ganz stark sein.« Das war immer der Satz meines Vaters: Du musst jetzt ganz, ganz stark sein. Ich erinnere die Polizei in unserem Haus, die herausfinden musste, ob es wirklich ein Suizid war.

Johannes war sehr beliebt. Es war eine Riesenbeerdigung im Dom, 600 Leute. Eine heulende Schulklasse. Meine Mutter mit diesem Schleier, wie versteinert über die ganze Zeit. Es war eine Menschenansammlung. Es war furchtbar. Es war ein Drama, es war riesig, alles. Es war eigentlich wie das Ende.

Meine Mutter war nicht mehr zu sprechen. Meine Schwester Sophie – viel älter als ich, oft depressiv und manisch oder vielleicht doch schizophren, ich weiß es bis heute nicht – war zu dieser Zeit immer etwas unverwandt. Das fiel mir selbst als 13-Jährige schon auf. Ich fand, sie hatte gar nicht richtig teilgenommen am Tod unseres Bruders. Irgendwie war sie gefasster. Ich dachte mir intuitiv: Was ist mit ihr?

Ganz viele Verwandte waren gekommen. Dann wurde überlegt: »Also jetzt reicht es, jetzt müssen wir irgendwas mit Franziska machen. Die muss hier raus. Wir müssen irgendwas mit ihr tun.«

Ich hatte meine Lieblingstante, die für mich wie ein Mutterersatz war. Sie hatte mich nämlich, seit das alles mit den Depressionen in unserer Familie begonnen hatte, immer mit ihrer Familie und ihren drei Kindern in die Ferien genommen – im Sommer in die Bretagne, im Winter in die Schweiz zum Skilaufen. Ihre Familie war meine Familie, ich war dort fast wie ein eigenes Kind. Immer wenn ich bei dieser Familie war, konnte ich durchatmen und war glücklich. Meine Tante Elisabeth hatte die Idee: »Franziska, du kommst jetzt mit zu uns. Du kommst einfach mit zu uns nach Köln. Du gehst dort auf die Schule. Dann kannst du bei uns sein.« Da dachte ich mir: Das ist gut, dort will ich hin. Und ich will von zu Hause raus.

Meine Mutter spürte aber, glaube ich, wenn sie das macht, also wenn sie mich dieser Familie übergibt, dann ist das das Ende der Beziehung zu meiner eigenen Familie. Da sagte ein anderer Onkel meiner Mutter: »Ach, weißt du was, Edith, die Babsi«, seine Tochter, »ist in diesem Internat am Chiemsee, die ist da sehr glücklich. Wäre das nicht was für Franziska?«

Sie saßen im Salon, haben sich alle angeguckt, ich hockte in der Mitte und war stumm. Dann einigten sich alle darauf: »Ja, das ist es, Franziska kommt jetzt ins Internat.«

Ich höre mich noch fragen: »Dürfte ich mir das vorher einmal anschauen? Oder wie ist das jetzt?«

»Ja, sicher.«

Also durfte ich es mir einmal anschauen. Wobei mir eigentlich sowieso alles egal war. Ich war vor allem sehr traurig, dass ich nicht zu meiner Tante durfte, dachte mir aber, okay, ich habe ja keine Chance, Hauptsache weg hier. Meine Koffer wurden gepackt, und ich sollte im Herbst dieses schrecklichen Jahres ins Internat kommen.

Ich hörte zu der Zeit immer wieder das Lied »O Juliet« auf meinem Walkman, das habe ich noch im Kopf. Sophie hatte damals schon zwei Jahre nicht mehr gearbeitet. Sie war Krankenschwester, und nach diesem ständigen Rein und Raus in der Psychiatrie entschied meine Mutter irgendwann: »Es hat keinen Sinn, immer dieses Abmelden und Wiederanmelden.« Die Krankenhäuser stellten meine Schwester auch nicht mehr so gerne ein, kannten das Prozedere schon. So war sie also zu Hause und half meiner Mutter dort. Ich konnte das vielleicht noch nicht so ausdrücken, aber mir schien das schon damals irgendwie nicht so richtig. Denn jeder Mensch braucht doch eine Aufgabe. Eine junge Frau kann doch nicht nur ihrer Mutter ein bisschen im Haushalt helfen. Auch nicht richtig fand ich: In meiner Familie wurde nie gesprochen, wenn jemand gesund war. Es wurde immer nur gehandelt, wenn jemand krank war. Warum sprachen wir nie, wenn wir gesund waren? *Dann* hätten wir eine Lösung finden müssen! *Dann* über die Therapie reden müssen. Über Wege, da rauszukommen. Das wurde aber nie gemacht.

Sophie lebte nach Johannes' Tod so ein bisschen, als ob sie einen Schleier um sich hätte. Sie war nicht richtig dabei. An einem Herbsttag war es, da sagte mein Vater: »Es gibt Mittagessen. Wo ist eigentlich Sophie? Wir wollen jetzt essen.«

Meine andere Schwester war auch da, meine Mutter und mein Vater. »Wo ist denn Sophie? Mittagessen. Weißt du, wo Sophie ist?«

»Nein.«

»Ich gucke mal draußen.« Ich hatte ein komisches Gefühl. Ich bin nach draußen gegangen, vors Haus, habe nachgesehen und habe sie nicht gefunden. Da war nur Theo, der Gärtner, und ich fragte: »Theo, haben Sie Sophie gesehen?«

»Nein, ich gucke mal.«

Mein Vater sagte: »Ich schau jetzt auch mal.«

Dann waren wir alle irgendwie draußen. Es vergingen eine Stunde, zwei Stunden, drei Stunden. Ich glaube, nach drei oder vier Stunden kam mein Vater mit Theo zurück. Theo hatte Sophie als Erster gefunden. Sie hat sich auch erschossen, auch in den Mund, auch draußen, in irgendeinem Wald, nur an einer anderen Stelle, genauso wie Johannes.

Ich weiß noch, ich saß in der Eingangshalle am Telefon auf einem Stuhl. Mein Vater kam rein, wieder mit gebrochener Stimme, und sagte: »Franziska, du musst jetzt ganz, ganz stark sein.« Und ich sagte: »Sophie ist tot.« Dann war also Sophie tot. Drei Monate nach Johannes.

Meine Koffer waren gerade gepackt gewesen, damit ich ins Internat gehen konnte. Meine Tante rief dort an: »Franziska kommt etwas später, weil noch etwas dazwischengekommen ist. Ihre Schwester ist jetzt auch gestorben. Da wird erst noch die Beerdigung sein.«

Also bin ich erst danach ins Internat gekommen, mitten im Schuljahr. Die Nonnen dort sagten: »Egal, sie kann kommen, wann auch immer es passt.« Ich wurde in ein Zimmer mit acht Mädchen gesteckt. Als Adelskind hatte ich den Vorteil, dass irgendwelche Cousinen aus den höheren Klassen, die ich nie vorher gesehen hatte, mir gute Nacht sagten. Und meine entfernte Cousine, die mit mir ins Internat kommen sollte, aber schon früher eingeschult wurde, weil bei mir dann noch der Tod von Sophie dazwischenkam, hatte die anderen schon vorbereitet: »Passt mal auf, Mädels, da kommt jetzt ein Mädchen, deren Geschwister sich gerade das Leben genommen haben. Wir müssen alle ganz lieb zu ihr sein.«

Im Internat ist es ja oft so, dass man Eingewöhnungsschwierigkeiten hat. Ich hatte es durch meine Geschichte aber sehr leicht. Weil alle wussten: Die ist arm dran.

Im Internat blieb ich, bis ich fast volljährig war. Zu diesem Zeitpunkt fanden meine Eltern, dass ich mich – in Anführungsstrichen – nicht richtig entwickeln würde, mit Jungs, Schminken, Rauchen, Alkohol und solchen Dingen. Wieder war es mitten im Jahr, als sie sagten, Franziska muss zurück nach Hause und dort ihr Abitur machen. Für mich war diese Zeit im Internat eine gute Zeit, ich habe meine Pubertät dort ausgelebt mit allem, was man machen kann, mit Jungs, Alkohol, auch Drogen. Ich hatte keinen Therapeuten, habe vor allen Dingen gelebt. Als das mit Männern dann anfing, habe ich wahnsinnig nach Bestätigung gesucht. Ich wollte von allen geliebt werden. Zwar hat mir das gar nicht so viel bedeutet, aber ich wollte einfach, dass mich alle toll finden.

Immer aber habe ich darunter gelitten, dass ich nicht zur Familie meiner Tante konnte. Sie war für mich mein Ein und Alles. Insbesondere meine Tante selber. Nach Wochenendbesuchen bei ihr fanden die Übergaben an einer Autobahnraststätte statt, ich stieg ins Auto meiner Mutter, meine Tante fuhr zurück nach Köln. Ich werde nie vergessen, wie mir die Tränen runterliefen, wenn ich mich im Auto nach ihr umdrehte. Bevor ich mich wieder nach vorne wandte und meine Mutter ansah, wischte ich mir heimlich die Tränen weg.

Dann setzte sich mein Leidensweg unvermindert fort, als ich Bulimie bekam. Diese Suchtkrankheit begleitete mich, phasenweise sogar mit bis zu fünfmaligen Anfällen am Tag, die nächsten zwanzig Jahre.

Meine erste zwischenzeitliche Lebensrettung war die Berührung mit der Kunst. Ich fing an zu malen, und eine gute Freundin ermutigte mich. Nach dem Abitur begann ich eine Ausbildung zur Groß- und Außenhandelskauffrau, aber dann wollte ich nur noch Künstlerin werden. Meine Eltern waren von diesem Berufswunsch entsetzt, natürlich. Also alles, aber das geht ja nun gar nicht, unsere Tochter und kein solider Beruf. Genau das war jedoch tatsächlich meine Rettung. Es war mein Leben. Ich hatte immer wieder Aufträge, ging ständig zu Ausstellungseröffnungen und in Galerien. Diese Orte haben mir neue Welten eröffnet.

In einer Galerie lernte ich dann auch meine zweite Rettung kennen: Michel. Die Begegnung mit ihm war Wahnsinn, weil auch er mich wieder eine Zeit lang vor meiner Familie rettete. Michel war, als ich ihn kennenlernte, Journalist und ein ganz anderer Mann als der, den sich meine Eltern für mich gewünscht hätten. Kein adeliger Großgrundbesitzer und Jäger, sondern ein dahergelaufener Kriegsberichterstatter, nicht in der Kirche, ohne Geld, ein Wahnsinnstyp. Ein unabhängiger Mensch.

Alle um mich herum haben gesagt: »Mensch, hast du nicht Angst? Du hast doch schon so viel erlebt. Er ist im Irak, er ist im Golfkrieg, er ist in Bosnien, du machst den Fernseher an, und er ist gerade in einem dieser Kriegsgebiete. Hast du nicht Angst, dass er abgeknallt wird?« Nein, komischerweise hatte ich die nie. Ich kann gar nicht erklären, warum. Ich wusste immer, Michel wird wiederkommen. Der wird nicht sterben. Nicht im Beruf.

Michel ist sehr oft nachts aufgewacht und hat geschrien. Er hatte viele üble Erlebnisse, ein kleines Kind auf dem Arm, das Kind wurde mit einer Kalaschnikow erschossen, er nicht. Er wurde von London aus nach Somalia geschickt und sagte diese Reise aus irgendwelchen Gründen ab: »Nein, ich kann das nicht machen, nach Somalia fahren.« Ein Kollege fuhr an seiner statt hin. Er wurde in Somalia gesteinigt. Das war auch für Michel etwas, das ihn sehr mitgenommen hat. An Silvester, wenn die Knaller kamen, hat Michel sich ganz oft den Kopf gehalten und sich irgendwo versteckt. Er hatte wirklich Kriegsängste.

Aber unsere Anfangszeit war ganz toll. Nach fünf Tagen wusste ich: Das ist der Mann, den ich heiraten möchte. Das ist der Mann, den ich will. Schon nach zweimaligem Wiedersehen war ich entschlossen, ihn meinen Eltern vorzustellen, egal, was kommt.

Dann sind wir tatsächlich nach Hause gefahren. Und Michel hielt um meine Hand an. Es war schrecklich. Wenn ich mich recht erinnere, hat meine Schwester ihm gleich vorgeworfen, dass er nur hinter unserem Geld her ist. Meine Mutter weinte. Und mein Vater stand auf und sagte: »So, jetzt öffnen wir mal eine Flasche Champagner.« Und so waren wir dann verlobt.

Ich habe in der Zeit viel gemalt, musste noch zu einer Ausstellungseröffnung und sagte: »Michel, komm, wir müssen uns beeilen. Wir müssen weg. Jetzt haben wir das ja hier geschafft. Ich muss mich noch umziehen.« Im Auto auf dem Weg nach Düsseldorf spürte ich, dass mein Gesicht vibrierte, als ob jemand zehn Zigaretten auf meiner Wange ausgedrückt hätte. In Düsseldorf angekommen, hatte ich ein Riesenekzem im Gesicht. Als ich damit später bei einer Kosmetikerin war, sagte sie: »Ich kann da nichts machen, das sieht auch aus, als sei es lebendig. Wir können dir nur einen Mittelscheitel ziehen und die eine Seite deines Gesichtes mit deinen Haaren abdecken.« Nach dieser Verlobungsszenerie zu Hause, unter der ich wirklich gelitten habe, lief ich also ein Dreivierteljahr mit diesem Halbgesicht rum.

Ich war bei sieben verschiedenen Ärzten. Bis einer mir sagte: »Sie wissen, warum Sie dieses Ekzem haben. Und Sie sind Meisterin Ihres Ekzems. Sie wissen auch, wie Sie es wieder wegbekommen.« So war es dann auch. Es kam nie wieder. Ich glaube, dieser Professor lebt gar nicht mehr. Aber er hat mich damals mit diesem Satz sehr beeindruckt.

Michel gab mir aber trotzdem das Gefühl: Du bist mein Ein und Alles, und auch das schaffen wir. Und immerhin waren er und ich dann verlobt. Es war schwierig mit meinen Eltern. Ich dachte mir: Ich muss das jetzt schaffen. Wir heirateten kurz darauf in Berlin, standesamtlich. Während mein Vater im Zug zurück nach Hause fuhr, rief mich meine Mutter an und sagte: »Dein Vater hat wieder Depressionen.« Ich wusste, Standesamt bedeutete für meine Familie überhaupt nichts. Nur die Kirche. Und ich wusste, ich muss diese kirchliche Hochzeit irgendwie hinkriegen. Das war für mich ein echter Akt, weil es sehr schwer war, Michel davon zu überzeugen.

Wir waren dann auch kurz vor der Trennung, weil mir meine Familie die Verbindung sehr erschwerte. Ich begann zu zweifeln, ob unsere Unterschiede vielleicht doch zu groß wären. Andererseits dachte ich mir: Ich darf mich von den Erwartungen meiner Eltern nicht beeinflussen lassen, ich muss das irgendwie allein schaffen. Und umso entschlossener war ich dann, dass wir heiraten würden. Ich dachte mir: Ich werde das machen, ich werde eine Hochzeit organisieren, mit der alle zufrieden sind. Ich werde mich meinetwegen fünf Stunden lang mit dem Placement auseinandersetzen, so, dass sie da alle sitzen. Wer eingeladen werden möchte, wird eingeladen. Ich werde großartig aussehen. Ich werde alles dafür tun, jeden zufrieden zu stellen, damit ich es endlich schaffe, Michel zu heiraten. Entsprechend anstrengend waren die Vorbereitungen. Ich musste sehr, sehr viele Hindernisse überwinden. Aber ich habe es dann geschafft.

Dummerweise hat sich zwei Wochen vor unserer kirchlichen Hochzeit Michels Schwester das Leben genommen – in der Badewanne. Wir mussten sofort nach Pinneberg reisen, und meine Aufgabe war es, ihre Wohnung sauberzumachen. Da war sie natürlich nicht mehr drin. Aber trotzdem: Die blutbespritzte Badewanne, das war ein furchtbares Bild.

Michel war, wenn es um solche grenzwertigen Erlebnisse ging, immer wahnsinnig emotional. Ich dachte mir, o Gott, wir heiraten, wie schaffe ich das? Wir mussten gute Miene zum traurigen Spiel machen. Von diesem Vorfall sollte überhaupt gar keiner groß wissen. Wir fragten uns natürlich auch, ob wir die Hochzeit absagen oder ob wir das durchziehen sollten. Und wenn wir es durchziehen, dann müssen wir es auch richtig durchziehen, sagten wir uns. Für die Hochzeit sprach, dass keiner Michels Familie kannte, auch seine Schwester nicht. Sie war für Michel keine so enge Bezugsperson gewesen wie seine andere, jüngere Schwester. Die Eltern von Michel, einfache, aber warmherzige Leute, haben natürlich sehr unter dem Selbstmord ihrer Tochter gelitten.

Dann haben wir tatsächlich geheiratet, mitten im Sommer. Am Tag zuvor gab es ein Get Together, und ich hatte Michel sehr gebeten, nicht so viel zu trinken, denn ich wusste, er würde dann heulen, emotional werden. Und am nächsten Tag würden wirklich sehr, sehr viele Leute kommen. Leider hat Michel das nicht geschafft. Das war echt schade.

Aber ich war stark. Ich war gut. Michel hatte tiefe Augenringe. Und ich sagte: »Michel, jetzt komm, reiß dich zusammen!« Dann endlich: die Trauung. Und tatsächlich, die Hochzeit war sehr, sehr schön. Es hatte alles geklappt. Es war alles perfekt und genau so, wie ich es haben wollte.

Schon gleich in unserem Honeymoon wurde ich schwanger, womit ich wirklich nicht gerechnet hatte nach alldem. Ich hatte ja gerade mal diese Hochzeit überstanden, und jetzt wollte ich wieder arbeiten, wollte Künstlerin sein. Mutterschaft war nicht das Erste, was bei mir auf dem Plan stand, ehrlicherweise, weil ich mir dachte: Ja, Gott, mit Kindern, das kann ich dann irgendwann später machen. Aber noch nicht jetzt, auf keinen Fall. Mit Ende zwanzig.

Und es bedeutete auch plötzlich: keine Zigaretten mehr, kein Alkohol mehr. Ich rauchte viel und trank Alkohol seit meinem 14. Lebensjahr, führte ein ungesundes Leben. Hatte auch keine Freundinnen mit Kindern. Und mein Mann als Kriegsreporter war oft wochenlang auf Reisen. Ich dachte mir: Okay, das ist auch wieder eine neue Herausforderung. Und dann kam Max zur Welt, zwei Jahre später Margaretha und dann Ludwig.

Es war und ist für mich das größte Geschenk, dass ich drei wunderbare Kinder zur Welt gebracht habe und auch die Schwangerschaften ein Klacks waren. Die Geburten waren für mich die glücklichsten Momente meines Lebens. Dass mein Körper das so geschafft hat! Das war ganz toll. Auch rückblickend war diese Zeit mit Michel, der tatsächlich viel in Kriegsgebieten gearbeitet hat, wunderschön. Wir waren gerade umgezogen, nichts war fertig, um uns herum nur Kisten, keine Küche, kein Bad. Ich hatte einen drei Monate alten Säugling auf dem Arm, und Michel musste wieder in irgendein Kriegsgebiet. Wie gesagt, er war wirklich viel unterwegs. Ich war in diesen

Phasen immer drei, manchmal vier Wochen lang alleine. Dann war er auch wieder eine Zeit da. Das habe ich an Michel so geliebt: Wir waren zusammen, aber wir waren beide trotzdem unabhängig.

Michel hatte sein Leben, sein internationales Leben. Er hat es geliebt, zu reisen und vor Ort zu sein. Er wurde von London geschickt, und New York hat angerufen. Es war auch ein sehr spannendes Leben. Auch ich hatte immer diese Liebe zur Unabhängigkeit, zur Freiheit. So, wie Michel und ich waren, hat das wunderbar gestimmt. Ich war nie die tolle Ehefrau, die alles mit ihrem Mann zusammen macht. Sätze wie »Mein Mann sagt«, »Meine Frau sagt« und »Wir gehen dorthin« kamen uns nie über die Lippen.

Ich brauche immer meine eigenen Freundinnen, meine eigenen Abendessen. Ich treffe gerne auch Männer alleine. Nicht, weil ich mit denen etwas anfangen möchte, sondern einfach wegen des intimen Kontakts auch mit anderen Menschen, nicht nur mit meinem Mann. Das macht für mich das Leben so lebenswert, mit Menschen eine Nähe zu erfahren, die man nicht am großen Tisch erleben kann.

Und Michel hat mich immer sehr gelassen. Der fand mich gut, genau so, wie ich bin. Auch mit der Entscheidung, mit den drei kleinen Kindern nicht mehr arbeiten zu können, kein Zigeunerleben mehr führen zu können. Michel ist so viel weg, und einer muss eben bei den Kindern sein. Und ohne Möglichkeit der Nachtschwester, des Au-pairs oder einer Köchin. Ich habe ganz, ganz viele Freunde, die das alles haben, und ich finde es großartig und gönne es jedem und finde es wunderbar. Aber nein, ich hatte das nicht. Wir sind dann von einer 120-Quadratmeter-Wohnung in eine 150-Quadratmeter-Wohnung gezogen, weil Michel, der nicht in der Kirche war, sich mit dem dort ansässigen Priester angefreundet hat, Pater Antonius. Der besorgte uns diese 150-Quadratmeter-Wohnung in seinem Kloster. Da wohnten wir dann zu fünft.

Ich ging immer wieder auf dem Zahnfleisch, es war viel. Trotzdem hatten wir eine gute Zeit, wir führten ein unkonventionelles Leben, gaben viele Abendessen, hatten interessante Menschen um uns herum und fragten uns immer, mit wem man als Nächstes den Rahmen sprengen konnte. Es war ein tolles Leben.

Als Ludwig anderthalb war, stand ich kurz vor dem Zusammenbruch. Weil er einfach nicht schlief. Ich wurde fünfmal in der Nacht wach, auch die anderen. Es waren Momente, in denen ich Selbstgespräche führte, doppelt sah, in denen ich aufgrund von Schlafmangel dachte, ich werde wahnsinnig, ich werde komplett wahnsinnig, wenn dieses Kind jetzt nicht schläft. Wenn mein Mann da war, hat er das nächtliche Aufstehen öfter übernommen. Er war ganz toll, wenn er da war.

Dennoch: In diesem Dezember dachte ich, meine Kräfte schwinden komplett. Trotzdem haben wir immer wieder Gäste gehabt, und das ging dann auch – wie Michel und ich eben oft waren: Unsere Aktionen waren grenzwertig, aber wir haben uns gesagt, wir ziehen das jetzt durch. Aber ich fragte mich: Wie wird es weitergehen? Was passiert wohl in diesem neuen Jahr? Ich hatte so ein komisches Gefühl, ein ganz komisches, das ich nicht näher beschreiben konnte. Dann ging es weiter, und es war weiter anstrengend.

Dann stand wieder Sonthofen an. Wir hatten Freunde gefunden aus einer dieser Mami-Cliquen, die ich im Schwangerenkurs und Michel und ich auf dem Spielplatz kennengelernt hatten. Christina und Paul luden uns auch in diesem Jahr wieder in ihr großes Haus nach Sonthofen ein, in das wir immer mit drei Familien und jeweils drei Kindern eine Woche zum Skifahren reisten. Dann sagte Michel: »Weißt du was? Bevor wir nach Sonthofen fahren, will ich noch mal nach Hamburg.« Er war bei einer Presseagentur beschäftigt und musste zusehen, wie es für ihn beruflich weiterging. »Vielleicht kann ich ja eine feste Redaktionsleitung übernehmen, dann muss ich nicht mehr so viel rumreisen. Und ich will in Hamburg auch nochmal meine drei besten Freunde sehen.« Er schlug vor: »Damit du es auch nett hast, fahr du doch zu deiner heißgeliebten Mucky nach Frankfurt. Dann bist du einfach da, gehst mal mit den Kindern aus. Ich hole dich dort ab, und wir fahren zusammen nach Sonthofen.« Super Idee. Mucky ist meine beste Freundin aus dem Internat.

Ich fuhr also nach Frankfurt, Michel nach Hamburg. Am Telefon sagte er: »Ach, es ist so herrlich hier. Ich treffe meine besten Freunde.« Sie hatten Fotos gemacht. Er war ganz glücklich. In Frankfurt war es leider nicht so toll, weil die Kinder alle krank waren, ich nicht zum Schlafen kam und wir kaum was unternehmen konnten.

Michel holte uns am Samstagmorgen ab, wir fuhren gleich weiter und kamen nach ein paar Stunden in Sonthofen an. Es war zur Mittagszeit. Ich sagte: »Michel, wir können da jetzt nicht aufschlagen, es ist Mittagszeit. Du weißt doch, wie Christina ist, die macht jetzt Mittagsschlaf mit ihrem Kleinen.« Der war genauso alt wie Ludwig, also anderthalb. »Lass uns in irgendeine Kneipe gehen.«

Michel sagte: »Nein, weißt du was? Wir parken unser Auto und gehen einfach Schlittenfahren.« Damit war ich einverstanden.

Als wir vor dem Haus parkten, kam auch schon Paul, der Gastgeber, raus und sagte: »Kommt bitte nicht rein, hier ist gerade Mittagspause, alles schläft. Ich nehme meine größeren Söhne mit, und wir gehen zum kleinen Kirchlein herauf und rodeln da.« Das kleine Kirchlein mit seinem kleinen Zwiebelturm ist sehr hübsch gelegen auf einer kleinen Anhöhe. Wir zogen unsere Schlitten den Hügel hoch, Paul mit seinen zwei Söhnen, Michel und ich mit Max, Margaretha und Ludwig, und rodelten einmal runter. Dann nahm Michel seinen Schlitten und ging als Erster wieder nach oben. Vor dem Kirchlein war eine kleine Bank. Ich war unten und Michel auf dieser Anhöhe, etwas weiter weg.

Ich sah nur, dass Michel sich halb zur Seite beugte zur Bank, und rief nach oben: »Michel, was ist?« Michel sagte gar nichts und sank ganz zu Boden. Sofort bin ich nach oben gestiefelt. Paul war noch unten, er hatte das gar nicht mitbekommen. Ich rief meinem Mann entgegen: »Michel, Michel, was ist? Michel? Michel?« Michel antwortete nicht. Dann stand ich vor ihm, er war sehr blass. Ich schrie nach Paul, der ja Arzt ist: »Paul, Paul, komm her, Michel stirbt. Paul, komm ganz schnell her. Michel stirbt.«

Während Paul ganz ruhig die Anhöhe heraufkam, sagte er: »Franziska, beruhige dich, man stirbt nicht so schnell. Alles wird gut, alles wird gut.«

»Nein, er stirbt. Beeil dich, er stirbt, er stirbt.«

Dann war Paul da, sah Michel. Ich sagte: »Und, was ist?«

Jetzt schwieg Paul, auch wenn ich an seiner Reaktion merkte, dass es ernst war. Dann sagte er: »Ich mache jetzt Mund-zu-Mund-Beatmung, und du machst das Herz. Immer bei fünf drückst du, eins, zwei, drei, vier, fünf.« Mir fiel es ganz schwer, diesen Rhythmus zu halten: eins, zwei, drei, vier, fünf. Aber das machten wir.

Dann kamen die Kinder, Max, Margaretha, Ludwig und die beiden Großen von Paul, und standen um Michel herum. Weitere Leute am Kirchlein, Fremde, zwei rechts, zwei links von der Tür. Sie hatten schon den Notarztwagen gerufen. Wir machten weiter, die Notärzte kamen, probierten es weiter, mit Elektroschocks. Ein sehr netter Assistenzarzt war dabei, ich habe ihn nie wiedergesehen. Der war richtig dran an Michel und schaute mich so an. »Schaffen Sie das? Schaffen Sie das?«, fragte ich ihn. Er guckte mich an: »Nein.« Dann sagte ich: »Paul, mach was.« Es war aber klar, dass es nicht mehr ging.

Die Ärzte versuchten noch ziemlich lange, Michel wiederzubeleben, gaben ihn nicht auf. Da war er wahrscheinlich schon mausetot, und die haben trotzdem weitergemacht, dort vor dem Kirchlein. Ich glaube, die haben das auch ein bisschen in die Länge gezogen, denn es war noch irgendeine Hoffnung da. Da war ja noch Leben. Und irgendwann war es dann vorbei. Richtig vorbei.

Michel wurde in das Notarztauto geladen, wir gingen ins Haus. Ich weiß noch, dass ich dort als Erstes ins Wohnzimmer ging. »Ich muss jetzt telefonieren«, sagte ich. Dieses Zimmer hatte eine wunderbare Aussicht in die Berge und so ein schönes rundes Fenster mit einer Bank, so ein Bayernhaus. Dann habe ich aus dem Fenster geguckt und konnte die Berge sehen. Ich rief meine Eltern an, während ich in die Berge schaute, und sagte zu meinem Vater: »Du musst jetzt ganz, ganz stark sein.« Danach rief ich Pater Antonius und Mucky an. Mucky machte sich tatsächlich sofort auf den Weg.

Am Abend gab es Hans' alljährliche Käsespätzle mit Salat. Ich konnte nichts davon essen. Am nächsten Tag fuhr Mucky mich von Sonthofen zurück nach Berlin. Auf der Autofahrt hörten wir die ganze Zeit von »Wham« das Lied »Last Christmas«. Immer wieder. Deshalb bedeutet dieses Lied für mich: Michel und der Tod.

Pater Antonius kam auch sofort. Er war toll. Er war tatsächlich, kann man sagen, drei, vier Monate lang mein Schatten. Die erste Zigarette nach Michels Tod rauchte ich mit ihm, die zweite auch. Ich habe mit ihm den Sarg gekauft. Ich habe mit ihm den Platz auf dem Friedhof ausgesucht. Wir haben alles zusammen gemacht. Wir haben sogar mal eine Reise gemacht mit den Kindern. Er ist auch Patenonkel von Ludwig. Wir waren ganz eng. Er hat mich nicht alleine gelassen über die ganze Zeit.

Michel starb im Januar. Deshalb ist es auch so bizarr für mich, dass ich jetzt, wieder im Januar, hier sitze und meine Geschichte erzähle, ein Jahrzehnt später. Ich habe gestern Pater Antonius angerufen und ihn gebeten, eine kleine Messe zu feiern, nur für den engsten Kreis, diejenigen, die damals in Sonthofen dabei waren. Und danach gehen wir zusammen zum Essen. Zehn Jahre!

Als ich das letzte Mal auf dem Friedhof war, kam mir der Gedanke: Irgendwas mache ich mit diesem Zehnjahrestag. Oder mache ich nichts? Was will ich denn? Will ich eine Riesensache? Und wo soll das stattfinden? Will ich die zu Hause haben, die Leute? Was würde Michel gefallen? Was will ich eigentlich? Diese zehn Jahre ohne Michel. Und was auch in diesen zehn Jahren alles passiert ist ...

Michel ist nicht mehr da, die Kinder sind größer. Wo stehe ich eigentlich jetzt?

Es war eine Riesenbeerdigung damals, sehr schön. Es war ganz kalt draußen, und es lag Schnee. Die Kinder waren sehr süß in Dunkelblau angezogen und haben weiße Rosenblätter gestreut. Das war ein schönes Bild. Mucky hat ihre beiden kleinen Kinder bei ihrer Mutter im Taunus gelassen und ist einfach eine Zeitlang bei mir geblieben. Ich wurde wahnsinnig gut aufgefangen. Auch weil

Michel sehr beliebt war, hatte ich zu dieser Zeit einen großen Freundeskreis. Alle kamen. Der eine kümmerte sich um die großen Versicherungen, ein anderer um die kleinen, meine Cousine aus Köln kam sogar aus Asien und blieb zwei Wochen bei mir. Ich wurde sehr unterstützt von den Freunden.

Nach Michels Beerdigung erinnerte ich mich an den hochrangigen Geistlichen, der zu uns kam, als mein Bruder sich das Leben genommen hatte. Meine Mutter fragte ihn immer wieder: »Warum? Warum? Ich hadere mit Gott.« Da sagte dieser Probst: »Das dürfen Sie.« Und als das mit Michel passierte, kam mir eben auch dieses Bild von damals wieder in den Sinn, als ich im Kaminzimmer saß und sich mein Bruder gerade das Leben genommen hatte.

Jetzt bin ich an der Reihe, sozusagen. Mein Mann ist gestorben. Und ich merkte: Auch ich hadere. Gar nicht mit Gott. Ich bin katholisch aufgewachsen und erzogen, habe auch ein katholisches Umfeld, aber ich selber bin nicht so katholisch, dass ich jeden Sonntag in die Kirche gehen würde, so wie ich es als Kind tun musste. Ich merkte vielmehr: Ich hadere mit dem Leben. Warum muss ich immer wieder so etwas erfahren?

Ich weiß nicht, ob das zum Ausdruck kam, aber mein Leidensweg begann tatsächlich, als ich noch ganz jung war. Es gipfelte stets im Tod, aber der Leidensweg, diese kranken Geschwister, diese Psychiatrie, das bleibt immer präsent, das trage ich immer in mir. Ich saß neben ihnen. »Ich höre eine Stimme, Franziska, hörst du sie auch?«

Nein, ich habe keine Stimme gehört. Und dann der Tod. Und dann noch mal der Tod, innerhalb eines Jahres.

Die einzige Zeit, in meinem Leben, in der ich mich behütet fühlte, in der ich ein kurzes Gefühl des inneren Friedens verspürte, das war die Zeit mit den ganz kleinen Kindern. Da dachte ich: Was habe ich eigentlich für Probleme? Ich habe drei kleine Kinder. Ich habe die ganz normalen Probleme einer Mutter, zum Beispiel, dass ein Kind nicht schläft. Das waren, glaube ich, meine harmlosesten, meine schönsten Jahre.

Als Michel starb, dachte ich: Okay, das ist jetzt das Ende. Ich habe diese drei kleinen Kinder, das werde ich schaffen, aber ich erwarte nichts mehr vom Leben. Ich will nichts mehr. Ich werde alles gut bewältigen, werde eine Mutter sein, denn das ist das, was ich kann, das ist das, was man mir nicht nehmen kann. Ich kümmere mich einfach nur um die Kinder und schaue nicht nach vorne, nicht nach rechts, nicht nach links. Ich hatte vor, nur noch Schwarz zu tragen. Wollte auch keinen Mann mehr. Ich wollte einfach meine Ruhe und nur noch Mutter sein.

Ich hatte ja Pater Antonius als Begleiter. Ich habe ihm das gar nicht so gesagt, aber er genügte mir vollkommen. Das sollte mein Leben sein. Ich würde einfach eine Witwe sein mit drei Kindern. Es würde irgendwie gehen. Ich musste nur zusehen, wie ich finanziell über die Runden kam. Das war dann die nächste wirkliche Sorge.

Zumal am Tag der Beerdigung ein Brief im Briefkasten lag, der Michels Tochter betraf. Denn Michel hatte noch eine Tochter. In meiner Familie wusste außer mir niemand von ihr, weil ich meinen Eltern nur gesagt hatte, Michel ist nicht in der Kirche. Dies allein war für meine Eltern schon die Katastrophe schlechthin. Wenn ich dann noch offenbart hätte, dass Michel aus vergangener Zeit eine Tochter hatte, wäre das für meine Eltern inakzeptabel gewesen. Daher hatte ich es ihnen nie gesagt. Wenn ich das jetzt so erzähle, ärgere ich mich wahnsinnig, dass ich es damals verschwiegen habe.

Für mich ist 2016 das Jahr der Klärung. Ich habe irgendwie das Gefühl, alles, was man verheimlicht oder nicht erzählt, damit man besser dasteht, ist der falsche Weg. Man muss die Dinge benennen. Was wäre daran so schlimm gewesen, wenn ich gesagt hätte, ja, er hat aus einer früheren Beziehung eine Tochter? Er hat mit der Frau nichts mehr zu tun, aber er zahlt jeden Monat Unterhalt für sein Kind. Was ist daran schlimm?

Am Tag der Beerdigung kam also ein Anwaltsschreiben seiner Tochter bezüglich des Erbes. Noch vor der Beerdigung habe ich es durchgelesen. Es war schwierig, sie wollte Geld, und ich hatte ja gar nichts. Michel hat als festangestellter Journalist normal verdient, ich bekam eine normale Apanage. Wir hatten unsere Wohnung, 150 Quadratmeter, drei Kinder. Das Geld hat gereicht, um ein normales Leben zu führen. Ohne Villa, Garten oder Angestellte. Dann kam der erste Schreck: Michel hatte zwar eine Lebensversicherung abgeschlossen, die aber leider noch auf den Namen seiner Exfreundin lief.

Eine Freundin sagte dann: »Pass auf, ich habe einen Freund, der ist Anwalt, der wird dir helfen. Mit der Lebensversicherung und auch mit dem Anspruch von Michels Tochter.« Andere Freunde sprachen mit meinen Eltern und machten ihnen klar, dass ich finanziell unterstützt werden müsse.

Ich bekam dann eine Witwenrente und auch Geld von meinen Eltern. Sie haben auch die Beerdigung bezahlt. Andere Freunde gaben mir ein monatliches Darlehen, und zusammen mit dem Kindergeld konnte ich mir aus diesen vielen kleinen Summen den Alltag so zusammenstückeln, dass ich vor allem weiterhin die Miete der Wohnung zahlen konnte. Es war nicht viel Geld, alles zusammengenommen, aber es war absolut okay. Ich hatte echte Freunde, die immer ansprechbar waren. Vor allem Pater Antonius und alle, die in Sonthofen mit dabei gewesen waren. Das war natürlich auch für die und deren Kinder hart gewesen.

Meine Eltern kamen zu Michels Beerdigung, und mein Vater umarmte mich. Meine Mutter war wahnsinnig harmoniebedürftig, wie immer sagte sie: »Ach, das kriegen wir schon hin. Wir müssen zusammenhalten.« Aber in meinen Augen wurde nur ständig alles unter den Teppich gekehrt, es wurde nie wirklich miteinander geredet. Da war so viel kaputt in dieser Familie, und so viel wurde nicht besprochen. Das war schlimm für mich. Bei der Beerdigung von Michel schien mir meine Schwester, die noch lebt, irgendwie labil. Ich sagte zu meiner Mutter: »Mami, kannst du mir eine Viertelstunde geben, ich möchte mit dir im Wohnzimmer die Fotos, die Michel von sich und mir gemacht hat, anschauen. Geht das? Nur eine Viertelstunde? Wir haben ja nicht viel Zeit.« Da sagte meine Mutter: »Ja, aber wirklich nicht lange, weil Katharina sich sonst benachteiligt fühlt. Die kennt hier ja auch nicht so viele.« Ich sagte: »Mami, eine Viertelstunde, bitte, bitte, bitte.« Dann haben wir angefangen, die Bilder anzuschauen, aber ich glaube, es dauerte nicht lange, bis meine Schwester ankam und fragte, ob meine Mutter endlich fertig sei und sie gehen könnten. Meine Mutter sagte dann: »Ja, ich komme. Franziska, du weißt doch, ich muss mich jetzt um Katharina kümmern.« Dann ging meine Mutter. Das tat mir weh.

Nach der Beisetzung fand der Leichenschmaus statt, ein großer Empfang. Alle waren da, die ganzen Kollegen von Michel und Freunde und Familie und Verwandte und was weiß ich, wer noch alles. Pater Antonius stand die ganze Zeit neben mir wie ein Fels in der Brandung. Er war es auch, der dafür sorgte, dass ich durch die Sakristei in die Kirche gehen und mich vorne in die erste Reihe setzen konnte, statt durch den Gang an allen Trauergästen vorbeilaufen zu müssen. Auf dem Friedhof nahm er mich am Arm, so dass ich dort keine Kondolenzen entgegennehmen musste.

Meine Cousine, die aus Asien gekommen war, sagte bald nach diesem Tag: »Franziska, ich glaube, du musst irgendwann wieder anfangen, etwas zu essen.« Ich hatte wahnsinnig abgenommen, kaum mehr gegessen. Ich war ganz,

ganz dünn in dieser Zeit, zu dünn. Und hatte natürlich auch nie Hunger. Als Nächstes fand Rosalie: »Du musst irgendwann auch wieder unter Menschen. Du hast doch Farben immer so geliebt. Ich finde, auch wenn man Witwe ist, muss man nicht die ganze Zeit in Schwarz rumlaufen. Weißt du, als Mami und Papi starben, habe ich mir irgendwann gedacht, nein, meine Trauer steckt in mir, ich brauche mich deswegen nicht in Schwarz zu kleiden. Ich kann auch in Gelb traurig sein. Trag doch wieder Farben, auch als Zeichen für die Kinder. Wir gehen einkaufen.«

Traurigerweise hatte zuvor nämlich auch Rosalie ihre Eltern innerhalb eines Jahres verloren, meine geliebte Tante Elisabeth und ihren Mann. Und damit auch ich meine Lieblingsverwandten, bei denen ich so gerne aufgewachsen wäre. Sie sind beide kurz nacheinander an Krebs gestorben. Auch deshalb waren Rosalie und ich sehr verbunden.

Wir kauften eine Jeans und eine rot-weiß gestreifte Bluse. Und so fing ich langsam an zu denken: Nein, das Leben ist nicht zu Ende. Ich bin Mitte dreißig und eine Witwe mit drei Kindern. Eigentlich auch normal. Wie meine Großmutter, die in derselben Situation war und danach nochmal einen Witwer mit Kindern heiratete. Das Leben könnte also doch weitergehen. Ich wusste auch: Ich muss mich um meine Kinder kümmern. Ludwig war noch so klein, Margaretha war drei, Max erst fünf.

In dieser Zeit wachte ich nachts immer schweißgebadet auf. Jede Nacht. Ich muss unbedingt gesund werden, sagte ich mir, weil ich auch nicht wusste, was das war mit den Schweißausbrüchen, ich muss essen, muss das Leben wieder in Angriff nehmen. Und so habe ich dann wirklich Schritt für Schritt wieder gelernt zu leben. Es kam auch dieser Mutterpragmatismus zurück, den man in dieser Rolle ja lernt, die Strukturen und Tagesabläufe, tack, tack, tack, eins nach dem anderen. Das liegt mir einfach. Und dann konnte ich anfangen, die Trauerarbeit anzugehen.

Max war fünf. Er war dabei, als sein Vater starb. Wir begannen zusammen eine Therapie, denn ich wollte nicht, dass er irgendwelchen Schaden nimmt. Das lief so ab: einmal ich mit Max, dann viermal er alleine, dann wieder mit mir zusammen. Und so ging das weiter, bis irgendwann die Psychotherapeutin sagte: »Max ist fertig.« Ich erwiderte: »Ich würde aber gerne weitermachen. Ich habe das Bedürfnis. Ich möchte gerne sprechen, ich möchte gerne reden.«

Da tat sich natürlich ein ganzes Fass auf. Es war ja nicht nur der Tod von Michel. Also was heißt nicht nur? Bei mir ist ja alles miteinander verbunden. Wenn ich einmal anfange, tut sich da ein Riesenloch auf. Aber als ich bei der Therapeutin war, sagte sie: »Wissen Sie was, also ganz ehrlich, wenn Sie irgendwo hingehen, kriegen Sie 360 Stunden. Ich bin allerdings eine Jugendtherapeutin, und ich möchte nicht alle Stunden an Sie abgeben, denn wer weiß, vielleicht kommen Ihre Kinder nochmal irgendwann in der Pubertät zu mir. Ich überweise Sie an eine Erwachsenen-Psychotherapeutin.«

Zu der bin ich dann gegangen, und zu ihr gehe ich auch heute noch. Anfangs ging ich dreimal die Woche dorthin und fragte mich: O Gott, wo bist du da jetzt gelandet? Weil ich ja auch immer den Vergleich mit meinen Geschwistern hatte und mir dachte: Ich bin aber kein Psycho! Ich gehe dahin, aber ich bin kein Psycho.

Langsam kam ich ins Leben zurück. Ich trug wieder Farbe, wurde zu allen Abendessen eingeladen, meistens nur zu Paaren, und war dann immer die in Anführungsstrichen lustige Witwe: Was die Arme erlebt hat! Ich war immer diejenige, die etwas zu erzählen hatte. Nach einer Weile merkte ich, dass ich das gar nicht ertragen konnte, die Unterhalterin für irgendwelche gelangweilten Ehepaare zu sein.

Also fing ich an, das Gegenteil zu machen: Ich fing an zu leben. Ich ging aus wie eine Irre. Zwei Jahre lang. Das war, muss ich sagen, eine sehr prägende Zeit, denn ich war Witwe. Ich war keine Geschiedene, ich habe nichts Falsches getan, war aber auch nicht eingebunden wie Ehefrauen und klassische Muttis, sondern war unterwegs und frei. Mit den Erlebnissen und Erfahrungen aus dieser Zeit habe ich mich langsam wieder erholt von Michels Verlust.

Dann traf ich Jonny wieder, auf einer Weihnachtsfeier von Michels Agentur. Er war ein Arbeitskollege von Michel, auch Journalist. Sie wohnten damals zusammen, als Michel und ich uns kennenlernten. Jonny war auch zur Beerdigung gekommen. Als er mir kondolierte, muss ich ihm wohl gesagt haben – das behauptet er zumindest immer: »Wir sehen uns in einem Jahr.« Ein Jahr später kam er in mein Leben, im Jahr darauf waren wir ein Paar.

Am Anfang desselben Jahres starb meine geliebte und von mir hochverehrte Freundin und die Patentante von Ludwig, Theresa, mit Anfang vierzig nach einem langen Leidensweg an Krebs. Selten ist mir jemand begegnet, der die Werte Glaube, Liebe, Hoffnung, Tapferkeit und Disziplin in sich so vereinte wie sie. Ich bin sehr stolz, sie gekannt zu haben. Theresa ging, und Jonny kam in mein Leben.

Ostern stellte ich ihn meinen Eltern vor. Eine Woche später starb völlig unerwartet mein Vater an einer plötzlichen Nierenerkrankung. Ich hatte schon länger den Eindruck gehabt, dass meine Mutter mehr trank, als gut für sie war, und auch recht oft Medikamente nahm. Das schien nun nicht unbedingt besser zu werden. Zwei Jahre später erlitt sie einen schweren Sturz im Heizungskeller. Das war der Anfang vom Ende. Fünf Jahre befand sie sich in Pflegestufe 3 und wurde dann vor ungefähr einem Jahr erlöst.

Die fünf Jahre Pflegeheim waren davon gekennzeichnet, dass von einem Tag auf den anderen die alleinige Verantwortung auf mir lastete, den Betrieb meiner Eltern nicht untergehen zu lassen und auch noch selber davon zu leben. Jonny war dabei an meiner Seite.

Ich wusste, dass es mit uns auch wieder nicht leicht werden würde, irgendwie scheine ich mir solche Konstellationen auszusuchen. Im zweiten Jahr unserer Beziehung kam Anna zur Welt, unsere gemeinsame Tochter. Anna ist ein Wunder. Sie verbindet alle Kinder. Trotzdem gibt es viele Schwierigkeiten. Max, Margaretha und Ludwig pubertieren, und wir haben viele Sorgen. Aber es sind ganz normale Sorgen. Ich merke natürlich, es fehlt ihnen der Vater. Anna hat einen. Und ich bin oft verzweifelt, weil ich weiß, ich kann zwar vieles, kann alles machen, kann finanziell inzwischen für meine vier Kinder sorgen. Ich kann wirklich viel stemmen – aber ich kann ihnen keinen Vater bieten. Das geht nicht.

Mir wurde – das hat mich mein Leben lang begleitet – so oft der Boden unter meinen Füßen weggerissen, dass ich nach alldem denke: Mich kann nichts mehr umwerfen. Ich habe das Gefühl, es kann eigentlich nicht schlimmer kommen. Ich schaffe es immer irgendwie, auch wenn ich vielleicht letztlich daran zerbrechen werde. Aber ich spüre, da ist eine Kraft in mir, die mich immer weitermachen lässt. Ich weiß nicht, woher oder von wem ich sie bekommen habe, aber ich spüre, dass ich immer überleben werde.

Was mir noch nicht passiert ist: dass ein Kind von mir starb. Und ich denke immer, das muss ja eigentlich das Nächste sein. Das wird das Nächste sein, einfach weil es noch nicht passiert ist. Ich habe sonst wirklich alle existenziellen Ängste durchgemacht. Zwei meiner Geschwister habe ich verloren, meine geliebte Tante an den Krebs. Ich habe meinen Vater verloren, meine Mutter verloren.

Ich habe Michel verloren. Also denke ich, der Verlust eines meiner Kinder ist das Einzige, was noch passieren könnte. Und irgendwas ist in mir, das mich denken lässt: Aber auch das – selbst das! – werde ich hinkriegen. Ich weiß nicht, profan kann man vielleicht sagen, ich bin ein Unkraut-Vergeht-Nicht oder ich bin ein Stehaufmännchen.

Ich kann wirklich leben, ich glaube an das Leben. Ich kann auf den Tischen tanzen. Ich kann feiern, bis der Arzt kommt. Das habe ich in mir. Ich weiß nicht, woher das kommt. Aber immer wieder, wenn ich wirklich vor dem Abgrund stehe und mir denke, ich kann nicht mehr, dann weiß ich: Doch, ich schaffe das. Michels Tochter, die Halbschwester meiner drei Kinder, habe ich spontan zum 10. Todestag von Michel eingeladen. Es war eine sehr schöne und freudige Begegnung. Meinen Kindern habe ich, eine Woche vor dem Todestag, fünf Minuten vor der Schule, von der Existenz ihrer Halbschwester erzählt. Ludwigs erste Reaktion war: Krass, Alter …

Ich werde weiterleben, für meine Kinder Max, Margaretha, Ludwig und Anna und alle verstorbenen und lebenden Menschen, die mich lieben. Und für mich selbst.

Thomas Niedermeyer

Die Zeit heilt eine solche Wunde jedenfalls nicht

Es ist schon so lange her, fast 45 Jahre, aber ich glaube, Pater Gregorius hat mir damals viel über das Leben nach dem Tod zu lesen gegeben. Wenn man mit dem Tod in Berührung kommt, beschäftigt man sich natürlich in der ersten Zeit damit, was überhaupt passiert, wenn das Leben zu Ende ist. Damit, was der Tod bedeutet. Pater Gregorius hatte mich damals eng begleitet. Er hatte es in gewisser Hinsicht auch einfacher, denn er war ja kein Freund. Aber er war ein sehr gebildeter Mensch, und er hat mir aus seiner Sicht des Glaubens nahegebracht, wie er die Sache rein theologisch sieht.

Die Gespräche mit ihm waren eine große Stütze, das muss ich schon sagen.

Zu dieser Zeit ging ich noch öfter in die Kirche als ohnehin schon. Ich gehe immer in die Kirche, aber nach einem solchen Verlust ist sie ein besonders guter Ort, sich zu sammeln und seine Gedanken laufen zu lassen: Was wäre, wenn das nicht passiert wäre?

Wir hatten geheiratet, Brigitte und ich, und kurz darauf wurde unser Sohn Florian geboren. Wir wohnten in Berlin. Wir waren beide jung, Brigitte Mitte zwanzig, ich war um die dreißig. Es war an einem Wochenende, wenn ich mich recht erinnere. Obwohl es schon Mai war, war es immer noch kalt. Ich fuhr zum Golfspielen an den Wannsee, und meine Frau war mit Florian zu Besuch bei einer befreundeten Familie.

Dort ist unser Sohn, von niemandem bemerkt, ins Schwimmbad gefallen und ertrunken. Wahrscheinlich, als er draußen im Garten gespielt hat. Vielleicht ist er ausgerutscht und in den Pool gefallen. Nach einer Weile wurde er vermisst, dann haben sie ihn gesucht und irgendwann im Schwimmbad gesehen. Kinder gehen ja dann vor Schock unter. So wurde mir das von den Leuten erklärt, die das untersucht haben. Wenn man ins Wasser fällt und nicht schwimmen kann, öffnet man vor lauter Schock den Mund und geht sofort unter.

Im Krankenhaus haben die Ärzte versucht, Florian wiederzubeleben. Er war dreieinhalb Jahre alt. Die Freunde, bei denen es passiert war, riefen mich auf dem Golfplatz an. Ich bin sofort ins Krankenhaus gesaust. Als ich dort ankam, war das Ende schon da. Es waren keine Gehirnströme mehr zu verzeichnen. Die Ärzte sagten, es mache überhaupt keinen Sinn, ihn wiederzubeleben, er würde nie wieder sprechen und denken können.

Die Zeit danach war sehr, sehr traurig. Ich habe meiner Frau natürlich keine Vorwürfe gemacht. Kann man ja gar nicht. Aber sie selbst schien mir mit dieser Situation überfordert. Wer wäre es auch nicht, dem so etwas passiert?

Pater Gregorius lehrte an einem Kolleg in der Nähe. Wir kannten ihn, und er hat uns sofort sehr geholfen, in vielen Gesprächen. Erst mit Brigitte zusammen, und dann sprach ich auch viel mit ihm alleine. Er versuchte, das Unverständliche doch verständlich zu machen, auch auf philosophische Art. Aber ich zweifelte trotzdem an den Grundwerten meiner christlichen Erziehung, weil die Frage nach dem Warum übergroß bleibt. Warum? Wieso passiert so etwas? Man fragt dann nach dem Sinn des Lebens.

Zu der Beerdigung kamen meine Mutter, die damals noch lebte, und viele enge Freunde. Pater Gregorius hielt die Traueransprache. Das war schon tief beeindruckend. Bei der Beerdigung von deinem Kind bist du natürlich sehr mitgenommen. Auch die Freunde waren es, alle. Sie waren sehr, sehr einfühlsam und haben uns begleitet. Obwohl sie ja selber alle noch so jung waren.

In der ersten Zeit danach bin ich fast täglich zum Friedhof gegangen und suchte Trost. Ich war vollkommen gelähmt. Ich hatte keine Zukunft mehr. Ich konnte nicht mehr arbeiten, hatte keine Lust mehr dazu. Mit einem Partner hatte ich damals eine Metallwarenfabrik. Er hat den Betrieb dann weitergeführt, ich bin ausgestiegen. Im Nachhinein war das ein Fehler, weil einen die Arbeit ja auch trägt und ablenkt, aber damals konnte ich es einfach nicht.

Unsere Ehe ging nach kürzester Zeit auseinander, es gab keine Bindung mehr. Das war die Folge von Florians Tod.

Eigentlich sollten Liebende nach einem solchen Schicksalsschlag zusammenkommen. Aber das war uns nicht möglich. Wir waren ja auch sehr jung, und es fehlte uns die Grundlage. So bin ich dann ausgezogen. Unser Auseinandergehen geschah aber im Einvernehmen, ein oder zwei Jahre nach dem Verlust von Florian. Brigitte zog nach Köln.

Nach einem weiteren Jahr wurde es ein bisschen besser. Ich wollte nach Kanada auswandern, dachte, vielleicht macht es Sinn, wenn ich ganz weit weg bin und irgendetwas ganz Neues mache. Aber das hat sich dann auch nicht richtig realisiert. Das in Kanada ist ja auch nur etwas für Träumer. Wenn du dort etwas neu aufbauen willst ohne Freunde, dann macht das keinen Sinn.

Irgendwann fand ich wieder zurück ins normale Leben und zog nach München. Dort und vor allem am Chiemsee hatte ich Freunde, besonders zwei sehr enge, die mich überallhin mitnahmen und mir sehr geholfen haben. Ich bin viel verreist, einfach, um unterwegs zu sein, und ich war nicht alleine. Ich suchte nach neuem Halt, natürlich. Ich baute in München ein Haus und pendelte zwischen München und dem Chiemsee. Das tat mir gut, dass ich das hatte, damit habe ich ein wenig Abstand gewonnen und mich dann auch beruflich neu orientiert: Ich baute Häuser.

Eine ganze Weile lang hatte ich kein Bedürfnis, mich neu zu binden, und schon gar nicht, noch einmal eine neue

Familie zu gründen. Komischerweise hatte es sich auch nicht ergeben. Lange Jahre war ich ein Single, der ganz angenehm gelebt hat, mit vielen guten Freunden und sehr vielen Reisen.

Heute bin ich wieder glücklich verheiratet.

Ich habe einen Freund, ihm ist das Gleiche passiert, sein Kind war fast gleichaltrig mit Florian. Es war in einen See gefallen und auch ertrunken. Jeder verarbeitet so etwas zwar für sich, und der eine ist weniger gläubig, der andere mehr, aber als ein Mensch, der die gleiche Verlusterfahrung gemacht hat, hat man Verständnis für die Tragik.

Zu Brigitte habe ich keinen Kontakt mehr. Einmal rief sie an, als sie auf dem Friedhof war. Sie wollte irgendetwas auf dem Grab pflanzen. Sie kann gerne pflanzen, was sie möchte, sagte ich ihr. Das war letztes Jahr. Zuletzt sah ich sie auf der Beerdigung ihres Vaters, das ist sicher 15 Jahre her. Ich weiß aber, dass sie neu geheiratet und zwei Kinder hat.

Schon verrückt, diese Sprachlosigkeit zwischen Ehepartnern, wenn man das gemeinsame Kind verliert. Man hat dann so eine ganz automatische Sperre. Nicht miteinander zu sprechen ist auch ein Selbstschutz, nehme ich an, um den Schmerz nicht wieder aufzuwühlen.

Aus diesem Grunde flüchtet man dann vor sich selbst: Man möchte die Geschichte nicht immer wieder präsent werden lassen. Viele Jahre lang hatte ich dieses Thema vollkommen ausgeblendet und mich lieber mit neuen

Lebensumständen beschäftigt. Vielleicht ist das Nicht-Drüberreden mit dem Partner aber auch eine Generationenfrage. Vielleicht gelingt so etwas heutzutage besser.

Die Zeit jedenfalls heilt eine solche Wunde nicht. Über einen tragischen Verlust wie diesen kommt man eigentlich nie hinweg: Immer wieder habe ich einen traurigen Moment. Seit 44 Jahren steht ein Foto von Florian auf meinem Schreibtisch. Mit meiner Frau bin ich einmal im Monat in Berlin, und jedes Mal besuchen wir Florians Grab. Nur die tiefe, die grundsätzliche Traurigkeit ist nicht mehr gegeben. Sie verläuft sich. Die Wunde aber bleibt. Und die Erinnerungen bleiben.

Sie kommen vor allem dann wieder in mir hoch, wenn ich mit Freunden, denen Ähnliches passiert ist, über den Verlust spreche. Das kommt zwar selten vor, aber gerade neulich sprach ich mit einem Freund, dessen Sohn mit nur dreißig Jahren an Krebs starb. Wir sprachen nicht über den Tod, sondern über die Krankheit, darüber, dass die Medizin heute viel weiter sei und er heute größere Überlebenschancen gehabt hätte als vor 15 Jahren.

Solche Gespräche erinnern mich an Florian, natürlich. Und an seinem Geburtstag denke ich immer an ihn. Am 16. Mai hat er, also hätte er Geburtstag. Jedes Jahr an diesem Tag habe ich seinen frühen Tod wieder vor Augen. Die Erinnerungen kommen also immer wieder, aber nicht so, dass ich dann darüber hinaus traurig werde. Das ist nicht mehr der Fall.

Man wird durch dieses Erlebnis schon anders in der Lebenseinstellung. Auf jeden Fall nachdenklicher. Und je älter ich werde, desto mehr weiß ich, was das Leben bedeutet. Wie kostbar es ist. Man sollte alles, was einem wichtig ist und was man vertreten kann, bewusst nicht groß aufschieben, sondern machen. Und nicht sagen: Das mache ich, wenn ich in Rente bin. Das sind Fehlentscheidungen, die ich auch bei Freunden sehe: »Das mache ich alles noch.«

Dazu kommst du dann aber gar nicht mehr. Pausenlos sterben Freunde, dieses Jahr schon drei, die jünger oder gleichaltrig waren. Das gibt mir schon zu denken. Man muss noch bewusster versuchen, das Leben positiv in den Griff zu kriegen. Denn jeder hat ja seine Probleme: Jeder hat zwischenmenschliche Probleme, wirtschaftliche Probleme, seelische oder physische. Das gehört ja zum Leben. Und es geht ja nicht nur bergauf, sondern auch mal runter und dann wieder hoch. Natürlich geht das Leben immer weiter, überall. Wenn aber irgendetwas passiert, das du dir nie hättest vorstellen können, dann beschleunigt das deinen Reifeprozess enorm. Dann verstehst du den Wert, den das Leben hat, noch viel besser.

Lissa Gatterer

Einen Menschen loslassen zu können
hat viel mit Selbstwertgefühl zu tun

Ob ich das Ganze losgetreten habe? Das frage ich mich oft. Am frühen Morgen des 4. Februar 2012 sind mein Mann Hubert und ich auf eine Runde mit dem Hund rausgegangen. Lange hatten wir das nicht mehr zusammen gemacht, weil er selten Zeit hatte. Wenn ich mit unserem Hund alle Tage in der Früh rausgehe, gehe ich immer an der kleinen Lourdes-Kapelle oben auf dem Hügel vorbei und halte dort eine kurze Andacht. Dann richte ich ein Wort an die Mutter Gottes. So auch an diesem Morgen.

Hubert ging schon mal weiter, und wir trafen uns dann wieder vor dem Haus meiner Schwester Tina. Wir wohnen hier auf dem Land alle sehr nahe beieinander. Ich sagte zu meinem Mann: »Gratulier doch noch dem Lorenz.« Lorenz war mein Schwager, Tinas Mann. Er hatte zwei Tage vorher Geburtstag gehabt. Jetzt stand er vor uns in seiner neuen Skitouren-Ausrüstung, die er kurz vorher gekauft hatte: »Lasst uns doch eine kleine Skitour machen. Kommt doch mit. Gehen wir hoch zum Staller Sattel.« Wir wohnen in einer kleinen Südtiroler Gemeinde, der Staller Sattel ist ein Berg vor unserer Haustür.

Ich war gesundheitlich nicht auf der Höhe und sagte zu Hubert, er solle doch mitgehen. Eigentlich wollte er an diesem Wochenende mal wieder etwas mit mir unternehmen, weil er im Winter ganz wenig Zeit für mich hat. Aber ich dachte mir: Vielleicht tut es Hubert gut, ein wenig abzuschalten nach dem ganzen Stress. Meiner Schwester bot ich an, sie solle auch mitgehen, ich könne gerne auf ihre Kinder aufpassen. Glücklicherweise ging sie nicht mit. Manchmal habe ich ihr gegenüber Schuldgefühle, weil ich diese Skitour unterstützt habe.

An den Wochenenden sitzt unsere ganze Familie immer beim Mittagessen bei meinen Eltern zusammen. Wir sind viele: Meine Eltern haben einen Bauern- und Gasthof, wir sind fünf Geschwister, zusammen haben wir 13 Kinder. Eine echte Großfamilie, so wie man sie heute eigentlich nur noch aus Büchern oder Erzählungen kennt. Meine Schwester Tina und ich sind sehr oft bei unserer Mutter, vor allem, wenn unsere Männer nicht da sind.

Wir sitzen also auch an jenem Samstag beim Mittagessen, als Tina auf einmal das Vater Unser als Tischgebet spricht. Ich fragte sie: »Wieso betest du denn heute das Vater Unser?« Das war ungewöhnlich. Sonst sprechen wir dieses Gebet immer nur zu ganz speziellen Anlässen, an Weihnachten und Ostern. Ich weiß noch, dass mich das ein bisschen stutzig gemacht hatte. Später wussten wir: Es war genau die Zeit, halb eins, zu der unsere beiden Ehemänner von einer Lawine verschüttet wurden und darunter starben.

Vielleicht interpretiert man in diese Momente auch etwas herein. Im Nachhinein versucht man, sich zu erinnern: Gab es Anzeichen? Gab es etwas Außergewöhnliches? War etwas anders als sonst? Die Frau aus dem Nachbardorf, deren Mann vor Kurzem auch unter einer Lawine im Ahrntal starb, sagte noch am selben Tag: Um zwölf Uhr habe sich plötzlich der Himmel zugezogen. Vorher war wunderbares Wetter gewesen. Sie hat sehr bewusst wahrgenommen, dass es in genau dem Moment dunkel wurde, in dem die Lawine heruntergebrochen war. Man sagt, es gibt keine Zufälle. Die Dinge fallen einem aber doch zu, auf irgendeine Weise, durch kleine Zeichen. Vielleicht.

Nach dem Mittagessen fuhr unser Sohn Simon ins Biathlon-Zentrum, um dort nachmittags mit seinem Vater zu trainieren. Und ich saß mit meiner Tochter Katharina vor dem Fernseher. Sie war auch krank. Wir schauten Biathlon. Irgendwann begann ich, mich zu fragen: Wo bleiben Hubert und Lorenz denn? Erst rief ich auf dem Handy meines Mannes an, es meldete sich aber niemand. Dann probierte ich es bei Lorenz, meinem Schwager. Auch hier keine Antwort.

Es war 14 Uhr. Hubert hatte gesagt, sie wären gegen Mittag wieder zurück. Na ja, dachte ich mir, vielleicht fahren sie gerade ab und haben das Handy im Rucksack. Oder sie haben sich entschlossen, irgendwo einzukehren. Obwohl das ein wenig komisch gewesen wäre, denn sie wollten ja zum Essen nach Hause kommen. Vielleicht sind sie direkt zum Training nach Antholz gefahren? Hubert war Rennleiter für den Weltcup und verantwortlich für das Biathlon-Zentrum.

Dann höre ich plötzlich einen Hubschrauber ins Tal hereinfliegen, kurz darauf einen zweiten, und als ich aus dem Fenster schaue, sehe ich ein Notarztauto drüben. Ich denke: Na, es wird doch wohl nichts passiert sein? Ich rufe meinen Schwager an, Huberts Bruder. Er ist auch Skilehrer. »Hast du Hubert gesehen, ist er schon beim Training?« Nein, er habe ihn noch nicht gesehen, antwortet er. Ich frage: »Ist etwas passiert? Ich habe Hubschrauber und Notärzte gesehen.« Da sagt er: »Beim Staller Sattel ist eine große Lawine abgegangen.«

In dem Moment wusste ich: Jetzt ist es aus. Ich rief ins Telefon: »Hubert und Lorenz sind zum Staller Sattel gegangen!« Davon wussten die ja alle nichts. Es war so ungewöhnlich, dass Hubert um diese Zeit auf eine Skitour geht, weil er immer im Zentrum zu tun hatte. »Jetzt können wir nur noch hoffen und beten«, sagte ich zu Katharina. Die Ungewissheit war fürchterlich.

Komischerweise dachte ich mir: Was ziehe ich an, wenn ich da jetzt hinfahren muss? Das war die einzige Frage: Was ziehe ich an? Ich glaube, du fängst in einem solchen Moment einfach an zu funktionieren. Das bist nicht mehr du. Du bist in einem Schockzustand, machst die Dinge wie ein Automat.

Schon höre ich ein Auto kommen. Ich laufe ins Schlafzimmer, sehe aus dem Fenster: die Polizei. Der Polizeichef steigt aus, ich kenne ihn schon lange. Auf der Beifahrerseite steigt ein Feuerwehrmann aus, ein früherer Freund von Hubert. Noch ein Dritter, ihn kenne ich nicht. Ich reiße das Fenster auf und sage nur: »Der Hubert, gell?«

Ich hab nicht gefragt: »Ist der Hubert tot?«, sondern nur gesagt: »Der Hubert«. Denn ich wusste es. Der Polizeichef nickte. Ich sagte: »Der Lorenz auch?« Da nickte der Polizeichef wieder. Das ist jetzt dein Film, schoss es mir in den Kopf. Ich lief herunter und öffnete den Männern die Tür. Ob noch weitere Leute mitgegangen waren und vielleicht auch verschüttet sein könnten, fragten sie mich. »Nein, die beiden sind alleine gegangen«, antwortete ich. Katharina lief hinter mir die Stiege herunter und schrie.

Im Nachhinein frage ich mich: Wie hast du das durchgestanden? Andere brechen vielleicht zusammen. Ich funktionierte nur noch. Die Polizei fragte, ob wir ins Biathlon-Zentrum fahren wollten. Das wollten wir. Ich rief meine älteste Schwester Margit an und weiß noch genau, was ich ihr sagte: »Der Hubert und der Lorenz sind unter eine Lawine gekommen, beide sind tot.« Das habe ich gesagt. Ja, was will man auch beschönigen? Es war so. Dann haben wir uns hergerichtet, stiegen in das Polizeiauto und fuhren zuerst zum Gasthof meiner Eltern. Der Vater kommt mir entgegen, vom Bauernhof. Ich frage mich: Was sage ich dem? Ich muss es ihm sagen. Dann habe ich ihm halt gesagt: »Na, Vati, schau, der Hubert und der Lorenz sind unter eine Lawine gekommen, und beide sind tot.« Ein Häufchen Elend, der Vater, so ist er mir vorgekommen. Wenn man bedenkt: Alle waren wir alleine, als wir die Nachricht bekamen. Katharina und ich waren alleine, mein Vater war alleine. Ich lief herunter zum Gasthof, dort war die Mutti alleine. Dann habe ich es der Mutti gesagt. Das muss man sich vorstellen.

Normalerweise kommt in solchen Fällen ja auch die Notfallseelsorge, aber bei uns ist das einfach schiefgelaufen. Da kam niemand. Im Nachhinein habe ich erfahren, dass es auch ein Thema war, wer zu mir rausfährt, um mir die Todesnachricht meines Mannes zu überbringen. Niemand bis auf Huberts Jugendfreund hatte sich dazu bereiterklärt.

Wer ist bei Simon?, fragte ich mich besorgt auf dem Weg ins Zentrum. Die Stimmung dort war gespenstisch. Das Feuerwehrauto in der Dämmerung. Schneeflocken im Scheinwerferlicht. Ein Haufen Leute. Simon, die beiden Brüder von Hubert und Freunde. Alle waren fassungslos. Simon war an diesem Tag unkonzentriert beim Training. Auf irgendeine Weise hatte er gespürt, dass etwas passiert war, wie er später sagte. Sein Vater hätte beim Training sein müssen und kam nicht, zur gleichen Zeit kreisten die Hubschrauber über dem Staller Sattel. Es hat mir so leidgetan für ihn, dass er diese schwere Situation ertragen musste, ohne dass ich bei ihm war. Zum Glück aber war später wenigstens die Notfallseelsorge bei ihm, auch die Skilehrer und Huberts anderer Bruder, der – ausgerechnet – bei der Bergrettung ist.

Er hatte eine Meldung bekommen, dass eine ziemlich große Lawine abgegangen sei, er solle nachschauen. Er fuhr mit dem Skidoo hoch, mit Lawinenspürhund. Der Hund sprang aus dem Skidoo heraus und schlug wohl schon innerhalb kurzer Zeit Alarm. Andere Männer kamen hoch. Alles Freunde von Hubert.

Der, der ihn ausgegraben hat, hat ihn nicht mal erkannt! Im Rucksack oder in seiner Hosentasche fanden sie seinen Ausweis. »Der Hubi, der Hubi ist das!« Mein Schwager konnte es nicht glauben. Im Ort gab es mehrere mit dem Namen Hubert, und erst dachte er an einen anderen. »Nein, euer, euer Hubi«, hieß es dann. Er war zutiefst erschüttert.

Auch das Beerdigungsinstitut war schon da. Ich weiß gar nicht, wer das so schnell organisiert hat. Dann hieß es, wir könnten die beiden Leichname jetzt nicht sehen, sie seien zerschlagen, man wolle sie erst herrichten, wir sollten später wiederkommen. Mein Schwager insistierte: »Nein, wir warten jetzt hier.« Meine ältere Schwester Margit rief Tina an. Ich selber konnte das nicht. Tina war gerade mit den Kindern beim Schwimmen. Sie hatte wohl auch bei unseren Männern angerufen und sich gewundert, dass niemand antwortete.

Sie lagen nebeneinander in einer Eisentruhe im Lagerraum. Wenn man bedenkt: Am Tag vorher erst hat Hubert den Bagger, mit dem er immer bei seiner Arbeit unterwegs war, genau dort abgestellt. Es war der Lagerraum vom Biathlon-Zentrum. Dann gehe ich da rein und sehe zuerst die Bahre vom Lorenz, daneben die vom Hubert. Da habe ich mir gedacht: Wo soll ich jetzt zuerst hingehen? Ich kann doch jetzt nicht einfach an Lorenz vorbeigehen, ich muss den auch beachten. Das war mein erstes Gefühl. Und dann, glaube ich, ging ich zuerst zum Lorenz, danach zu meinem Mann. Sie trugen ihre Skikleidung und Skischuhe, lagen ganz friedlich da. Als ob sie schliefen. Nicht zum Fürchten. Ihre Hände waren gefaltet. Hubert hatte einen Kopfverband.

Abends wurden sie in die Totenkapelle von Antholz gebracht. Das fand ich ganz toll, dass mein Mann heimgekommen ist. Denn für Hubert war Antholz immer seine Heimat. Wir haben dort 19 Jahre zuvor eine wunderschöne, große Hochzeit gefeiert, und danach ist er mit mir mitgezogen in meinen Heimatort. Das war früher auch nicht üblich – da ist die Frau zum Mann gezogen. Er hingegen lebte mit mir in meinem Dorf, aber im Herzen war er immer ein Antholzer, blieb dort fest verwurzelt. Das fand ich sehr schön, dass mein Mann zuerst in sein Heimatdorf gebracht wurde, dorthin, wo er geboren wurde.

Um 20 Uhr betete ganz Antholz den Seelenrosenkranz. Die Notfallseelsorge begleitete uns alle nach Hause, zu unseren Eltern. Irgendwann haben wir sie weggeschickt, weil wir innerhalb der Familie füreinander sorgen konnten. Alle kamen. Wir saßen zusammen und beteten. Es war eine friedliche Atmosphäre.

In unserem Fall, so denke ich mir, ist es das größte Glück, dass wir in der Großfamilie aufgewachsen sind und auch immer in der Großfamilie gelebt und uns gegenseitig Halt gegeben haben. So haben wir diesen Verlust auch zusammen getragen. Das ist etwas Besonderes. Früher gab es ja diese Großfamilien mit dem Credo: Einer trage des anderen Last. Das ist das Größte, was du in dem Moment einfach haben kannst, das, was dir am meisten hilft.

Am nächsten Tag wurde in der Früh die Totenglocke geläutet. Wir hatten bei meinen Eltern übernachtet, ich mit meinen Kindern in einem Zimmer und Tina mit ihren Kindern in einem anderen. Ich habe meine Kinder rechts und links in den Arm genommen, und um den Klang der Totenglocke zu übertönen, habe ich angefangen, ganz laut das Vater Unser zu beten. Es ist mir vorgekommen, dass es das Einzige ist, was mir jetzt hilft.

Unsere Männer wurden aus Antholz überführt und zu Hause aufgebahrt. Was für ein Moment: Da saßen wir in der Stube und hörten das Auto kommen. Und ich wusste: das ist jetzt der Leichenwagen. Jetzt kommen sie und bringen sie rein. Ich konnte dabei nicht zuschauen, schloss die Tür. Hubert und Lorenz wurden im Speisesaal unseres Gasthofes nebeneinander aufgebahrt. Das war ein sehr starkes Gefühl: Jetzt werden sie wirklich heimgebracht. Alle aus dem Dorf kamen, und es wurde wieder der Rosenkranz gebetet.

Wir verabschiedeten uns in aller Ruhe von unseren Männern. Simon legte seinem Vater sein gutes Zeugnis in den Sarg, das er am selben Tag von der Schule mit nach Hause gebracht hatte, und spielte ihm auf dem Akkordeon vor. Katharina gab ihm eine Kette mit einem halben Herzen mit auf den Weg, die andere Hälfte trägt sie um den Hals.

Die Anteilnahme und der Zusammenhalt der Dorfbevölkerung waren enorm. Kerzen wurden hereingebracht und angezündet. Einige brachten Kuchen, andere stellten irgendetwas zum Essen hin. Die elementaren Dinge eben, denn man ist in dem Moment fast unfähig, Essen zuzubereiten, und auch nicht in der Lage zu essen. Man muss es aber dennoch tun. Das ist das Schöne, dass andere für dich denken und dir solche Sachen abnehmen. Da spürt man einfach, wie die anderen Menschen mit dir mitleiden und mittrauern. Das gibt einem sehr viel Kraft. Man ist nicht allein.

Auch in den Wochen und Monaten danach hatten wir das Glück, zu Hause bei meinen Eltern zu wohnen. Alle zusammen. Wir waren nie alleine. Auch die Kinder nicht. Vor allem meine Schwester Margit hat uns viel abgenommen, insbesondere für die Beerdigung. Sie ist eine Frau der Tat, ein praktischer Mensch mit Hausverstand, und weiß, was im jetzigen Moment wichtig ist und was warten kann. In den Wochen danach sagte sie immer: Jetzt schauen wir nicht zu weit nach vorne, sondern nur darauf, was heute geht. Jeden Tag nacheinander bewältigen und nicht fragen, was wird sein, was wird die Zukunft bringen.

Danach kam das ganze Bürokratische, was belastend war, weil man zur gleichen Zeit mit seiner Trauer beschäftigt ist. Man muss daran denken, was alles zu erledigen ist, möchte es aber nicht, hat keine Kraft dafür. Meine Güte, das muss ja nicht gleich sein, das hat ja noch Zeit, dachte ich mir immer. In dem Moment relativiert sich einfach alles. Man hat keine Bedürfnisse. Du brauchst zum Essen nichts, du brauchst zum Anziehen nichts, du brauchst nur das, was du am Leib hast. Wie genügsam der Mensch wirklich sein kann und wie wenig der Mensch eigentlich braucht: das wird einem dann vor Augen geführt. Wenn alles zerbricht, dann brauchst du auch nichts mehr.

Ich hatte das Gefühl, für meine Kinder stark sein zu müssen. Beim Beten war ich einer Mutter aus dem Dorf begegnet, die ihren Mann auch ganz plötzlich bei einem Unfall verloren hatte. Ihre Tochter sagte, viel schlimmer wäre gewesen, wenn die Mutter auch noch zusammengebrochen wäre. Es war schlimm, dass der Vater nicht mehr war, aber noch schlimmer war die Angst, ihre Mutter über diesen Verlust vergehen zu sehen. Das war für mich ein Aufruf oder sogar eine Verpflichtung, stark zu sein. Dass ich einfach meinen beiden Kindern verpflichtet bin, ihnen eine Stütze zu sein. Denn in dem Moment sind sie ja auch hilflos. Dann kann ich nicht auch noch zusammenbrechen.

Sicher hat mir dabei auch unsere Erziehung geholfen: Bei uns durfte nicht wegen jeder Kleinigkeit ein Theater gemacht werden. In unserer Großfamilie wurden wir alle stark gemacht fürs Leben, auch für schwere Situationen. Ich bin mir sicher, dass mir diese Stärke auch bei dem Verlust meines Mannes geholfen hat. Unsere Kinder haben wir übrigens auch so erzogen, wenngleich das viele heutzutage nicht mehr als angemessen empfinden, wenn man den Kindern nicht alles immer sofort recht macht. Aber gegenüber den wirklichen Härten des Lebens hilft es. Bei uns auf dem Land empfindet man vielleicht den

Tod auch eher als etwas Natürliches, als etwas, das zum Leben, zur Natur dazugehört. Früher hat auch niemand einen Trauerbegleiter oder einen Psychologen gebraucht, da hat man einfach weitergemacht.

Ich bin auch nicht zum Psychologen gegangen. Vielleicht liegt das auch an meinem Beruf im Krankenhaus, wo ich recht viel vom Kranksein mitbekomme. Ich arbeite dort als Physiotherapeutin. Dort habe ich den Vergleich vor Augen. Ich fing an, mich zu fragen: Hättest du deinen Mann so haben wollen, als Pflegefall? Im ersten Moment habe ich gedacht: Ich hätte ihn gepflegt bis zum Ende. Wenn er nur da gewesen wäre! Gleich wie. Das war zuerst. Und dann, nachdem ein bisschen Zeit vergangen war, dachte ich mir: Vielleicht war es doch gut so, wie es war.

In den Wochen danach bin ich immer wieder raufgestiegen auf den Staller Sattel. Alleine. Das war für mich sehr wichtig. Ich musste dorthin, wo es passiert war. Ich ging zu Fuß hoch, jeden Tag, suchte alles akribisch ab, jede Stelle am gesamten Hang. Der Schnee war inzwischen hart geworden. Ich entdeckte eine Schleifspur unter dem Schnee, die dunkle Farbe des Blutes war noch zu sehen. Hubert hatte ja eine offene Kopfverletzung. Dort fand ich Stücke von seinem Schädel. Zuerst dachte ich, es seien kleine Fragmente einer Kerze, denn es sah aus wie Wachs, was ich in meinen Händen hielt. Aber dann habe ich gemerkt, dass diese Stücke ganz hart sind. Es waren tatsächlich Teile von Huberts Schädel.

An einem anderen Tag habe ich seinen Ski gefunden. Eine Woche später seinen Stock. Und einmal ging ich wieder hoch, als der Schnee so langsam schmolz. Dort steckte sein Handschuh so im Schnee, als wolle er mir sagen: Schau, hier bin ich, nimm mich. Und genau das habe ich dann auch getan, ihn mitgenommen. In diesem Moment hatte ich das Gefühl, ich nähme meinen geliebten Mann endgültig mit mir heim. Sein Handschuh, in dem die Erinnerung an seine Hand noch drinsteckte. Das hat mich schon sehr berührt. Dann habe ich das alles zusammengesucht, und ich habe es bis auf die Skier bei mir zu Hause noch immer liegen, bei meinem Kopfpolster. Das, denke ich, ist seine Hinterlassenschaft.

Immer, wenn ich oben am Berg wieder etwas anderes fand, habe ich geweint. Es waren besondere Momente. Jedes Mal, wenn ich hochgestiegen bin, kam es mir vor, als wäre er da. Einmal habe ich einen Schneehasen gesehen, was ja auch außergewöhnlich ist. Von da an habe ich mir immer vorgestellt, er begegnet mir jetzt in einem Tier. Einmal kreisten zwei große Vögel über mir, und auch in diesem Augenblick dachte ich: Schau, da sind die beiden. Ein anderes Mal sind zwei Flugzeuge hintereinander über einen Berg geflogen. Dann habe ich gedacht: Schau, jetzt grüßen sie mich von dem Flieger aus. Beim nächsten Mal standen da zwei Rehe. Das ist immer ein Gruß von ihnen, erschien es mir. Sie sind mir nahe.

Einmal, das weiß ich noch, bin ich einen Monat später, im März, wieder hochgestapft, an einem ganz schönen warmen Tag. Was sehe ich? Eine schwarze Schlange kriecht über den Lawinenkegel. Als ich nach Hause kam, habe ich versucht nachzulesen, was so eine Schlange bedeutet. Schlangen häuten sich, stehen für Verwandlung und haben danach ein anderes Leben. Das hat mich schon fasziniert, als mitten im Winter diese Schlange genau dort drüberkroch, wo die beiden starben. Vielleicht heißt das, dass das Leben nicht zu Ende ist, dass es einfach nur eine andere Form hat und dass auch der Mensch sich wandelt – wie eine Schlange. Ich habe jedenfalls die Hoffnung, dass Hubert und ich uns eines Tages wiedersehen. Dieser Gedanke trägt mich weiter.

Seit seinem Tod sind fünf Jahre vergangen. Natürlich gab und gibt es immer noch Phasen, in denen er mir als Lebenspartner fehlt. Denn er war immer der Starke. Er fehlte mir nach meiner Krebserkrankung. Als er starb, hatte ich zwar meine Therapie schon abgeschlossen, aber die Gesundungsfrist von fünf Jahren war noch lange nicht vorbei. Oft dachte ich: Na, Hubert, du warst doch der Starke. Ich war die Schwache. Ich hätte sterben können. Aber nicht du. Du warst immer der Fels in der Brandung. Das war er für mich immer, so souverän. Und für jedes Problem gab es eine Lösung. Für ihn war nichts ein Problem. Hingegen war ich diejenige, die eher pessimistisch eingestellt war und die Dinge immer auch ein bisschen dramatisch gesehen hat. So habe ich zeitweise auch mal verbittert auf seinen Tod geblickt. Dass er einfach gegangen ist! Wieso er jetzt nicht mehr ist, obwohl er doch immer der Starke war. Und ich hingegen meine Krankheit habe, mit der ich kämpfen muss.

Das habe ich schon gelernt aus dem Verlust: einfach die Sachen ein bisschen lockerer zu sehen und die Wertigkeiten in Beziehung zu stellen. Ich kann unterscheiden: was ist jetzt wirklich schlimm und was ist nicht der Rede wert. Als Partnerin habe ich meinem Mann manchmal Unrecht getan, vielleicht seine Arbeit zu wenig geschätzt und ihm manchmal Vorwürfe gemacht. Das tut mir im Nachhinein schon weh. Dann denke ich mir aber: Es war halt so, und was gewesen ist, kann ich nicht mehr ändern. Ich kann jetzt nur noch für mich selber an einer gelasseneren Haltung dem Leben gegenüber arbeiten.

Du musst den geliebten Menschen gehen lassen, das ist ganz wichtig. Es hat viel mit Egoismus zu tun, ob du das schaffst oder nicht. Das Festhalten ist nicht gut. In der Bibel steht: Es sind eure Kinder, aber sie gehören euch nicht. Daran orientiere ich mich. Andere sagen wieder: Wieso gehen lassen? Wieso ihn loslassen, wenn du einen Menschen gern hast? Ich denke, man sollte ihn gerade deswegen loslassen. Man zweifelt ja auch, wie es ihnen geht, den Toten. Weinen sie? Sehen sie, wie wir leiden? Nein, das kann nicht sein, denn sonst haben sie ja auch kein Leben, wenn sie sehen, wie wir leiden. Damit sie auch dort glücklich sein können, wo sie jetzt sind, musst du sie gehen lassen und sagen: So wie es ist, ist es gut.

Einen Menschen loslassen zu können hat viel mit Selbstwertgefühl zu tun. Und mit Selbstliebe. Gerade neulich habe ich so einen Satz gelesen: Brauchst du Liebe, dann liebe dich selbst. Vielleicht kann ich meinen Mann auch deswegen gut loslassen, weil ich schon vor seinem Tod ziemlich eigenständig war, mit mir selber etwas anfangen konnte. Man ist ja nicht nur mit dem Partner etwas wert. Früher war man ja eher die unterwürfige Frau, aber heute trauen sich die Frauen viel mehr zu.

Hubert war die Liebe meines Lebens. Was will dir das Schicksal sagen? Es will dir mit dem Verlust etwas sagen. Und wenn du dich darauf einlässt, dann nimmst du aus dieser Sache auch etwas für dich persönlich mit. Vielleicht ist das ja auch der Sinn des Lebens, dass man durch solche Erfahrungen anderen Menschen die Erkenntnis mitgeben kann: Eine Tür geht zu und eine neue geht auf. Man kann nicht mitsterben. Es nützt nichts. Sie kommen nicht mehr wieder. Aber man kann den Verlust auch als eine neue Chance verstehen.

weitermachen !

Grabinschrift Herbert Marcuse

Dank

Meine Gedanken gelten allen, die den Mut hatten, mir für dieses Buch ihre Geschichte vom Verlust eines geliebten Menschen zu erzählen. Sie haben das schwerste Kapitel ihres Lebens geöffnet. Ich bin mir sicher, dass sie damit vielen Menschen helfen werden, die eine Verlusterfahrung gemacht haben oder noch machen werden.

Während ich dieses Buch schrieb, bin ich in langen und von tiefem Vertrauen geprägten Gesprächen vielen Menschen wirklich begegnet. Wir sprachen über Verlust und Trauer, auch über Todesangst und Todessehnsucht, waren oft auch nur durch gemeinsames Schweigen fest verbunden. Alle diese Begegnungen lehrten mich vom Schönsten und Wichtigsten, nämlich vom Lieben und vom Lassen. Danke.

Weiterhin danke ich Matthias Landwehr, der die Idee zu diesem Buch hatte. Georg Reuchlein, Vera Thielenhaus, Thomas Schmidt, Anke Steinbacher und Hermann Hülsenberg haben es auf den Weg gebracht.

An letzter und an erster Stelle möchte ich meiner Familie danken, die mir duldsam und verständnisvoll über viele Monate hinweg immer wieder das zugestanden hat, was ich zum Schreiben dieses Buches am meisten brauchte: das Alleinsein.

Unsere Leseempfehlung

256 Seiten
Auch als E-Book
erhältlich

Wir wissen, wie große Philosophen, Dichter und Denker starben. Sie haben der Nachwelt oft detailliert hinterlassen, was sie
bewegte in ihren letzten Stunden. Aber wie betrachten ganz
normale Menschen ihr Leben im Rückblick, wenn sie wissen,
dass ihnen nicht mehr viel Zeit bleibt? Die ehrenamtliche Sterbebegleiterin Christiane zu Salm hat sie gefragt und die daraus
entstandenen persönlichen Nachrufe in diesem Buch gesam-
melt. Dabei herausgekommen ist kein Buch über das Sterben,
sondern über das Leben.

www.goldmann-verlag.de
www.facebook.com/goldmannverlag

GOLDMANN
Lesen erleben